ars vivendi

Heide Marie Karin Geiss

Jakobswege in Oberbayern

Unterwegs auf alten Pilgerpfaden

Ein ars vivendi Freizeitführer

Bildnachweis:
alle Fotografien von Heide Marie Karin Geiss

Bei der Realisierung dieses Buches ließen wir größtmögliche Sorgfalt walten. Falls dennoch Fakten falsch oder inzwischen überholt sein sollten, bedauern wir dies, können aber auf keinen Fall eine Haftung übernehmen.

Erste Auflage 2007

www.arsvivendi.com

Lithografie: Reprostudio Harald Schmidt,
Nürnberg
Satz: Christine Richert, www.typoholica.de
Karten: Ingenieurbüro Dieter Ohnmacht,
Frittlingen
Umschlaggestaltung: Anna Ponton
Lektorat: Andrea Göppner
Druck: Passavia Druckservice, Passau
Printed in Germany

ISBN: 978-3-89716-719-3

Inhalt

Von Bad Reichenhall nach Neubeuern

Von Weyarn nach Polling

Von München nach Lechbruck am See

Vorwort

Der Jakobsweg, sicherlich die berühmteste Wanderroute Europas, zieht sich wie ein dichtes Spinnennetz durch ganz Europa. Dieser einzige noch bestehende Pilgerweg aus dem Mittelalter hat nur ein Ziel – das Grab des heiligen Jakobus in Santiago de Compostela. Im Mittelalter erlebte der Jakobsweg seine Hochzeit. Unzählige Pilger aus aller Herren Länder machten sich damals zu Fuß, hoch zu Ross oder in einer Kutsche auf den Weg zu dem spanischen Wallfahrtsort. Erst die Reformation im 16. Jahrhundert mit ihrem neuen Gedankengut und anderen Idealen bremste die Pilgerbegeisterung nachhaltig. Doch in jüngerer Zeit erinnert man sich wieder des Jakobsweges und wandert mit großer Begeisterung auf den mittelalterlichen Pfaden. Die Zahl derer, die sich auf den Weg machen, nimmt konstant zu, wobei die Beweggründe für die Wanderung ganz unterschiedlich sind. Die einen lockt der pure Wanderspaß durch herrliche Landschaften, für die anderen stehen das meditative Erlebnis und der gelebte Glaube im Vordergrund.

Auch die Region Oberbayern ist bestens mit neuen und alten Jakobswegen ausgestattet. Aber warum macht das Wandern hier besonders großen Spaß? Liegt es an der abwechslungsreichen malerischen Voralpenregion, den herrlichen Ausblicken auf die massiven Alpen mit ihren Schneemützen, den schattigen zünftigen Biergärten, den urigen Wirtshäusern, dem berühmten weiß-blauen Himmel, dem guten Essen, dem Durst löschenden, leckeren Gerstensaft, der seit dem 16. Jahrhundert nach dem Reinheitsgebot gebraut wird, den prächtigen barocken Kirchen und imposanten Klöstern oder aber liegt es an der sprichwörtlich zu nehmenden bayerischen Gemütlichkeit, Gastfreundschaft und großen Hilfsbereitschaft, die man überall antrifft? Vermutungen über Vermutungen, die wahrscheinlich alle mehr oder weniger zutreffen. »Leben und leben lassen« – das bayerische Lebensmotto kann man auf seinen Wanderungen allerorts erleben – vielleicht ist es auch genau diese wertvolle Erfahrung, die uns die Wanderungen durch Oberbayern noch mehr versüßt.

Die 25 im Buch vorgeschlagenen Strecken sind Tagesetappen, wobei Sie unter verschiedenen Schwierigkeitsgraden wählen können – ganz nach individueller Fitness, Lust und Laune. Sie können die einzelnen Wanderungen aber auch nach den am

Weg liegenden Sehenswürdigkeiten oder Übernachtungsmöglichkeiten auswählen. Der erste Abschnitt eines jeden Kapitels liefert einen kurzen Überblick und eine Wegbeschreibung. Im zweiten Abschnitt erfahren Sie, auf welche Sehenswürdigkeiten Sie sich freuen dürfen, wobei nicht nur Kirchen und kulturhistorische Besonderheiten ausgewählt wurden, sondern auch an Kuriositäten, Museen, empfehlenswerte Biergärten und Kinderunterhaltung gedacht wurde. Die Infokästen am Ende enthalten alle nötigen Informationen, die Ihnen eine unkomplizierte Wanderung ermöglichen.

Die meisten der oberbayerischen Jakobswege sind mit Jakobsmuschel-Schildern markiert. Sollte jedoch mal ein Wegzeichen fehlen, weil es beispielsweise witterungsbedingt unleserlich wurde, helfen Ihnen die zu jeder Etappe beigefügten detaillierten Wanderkarten zuverlässig weiter.

Nun bleibt mir nur noch, Ihnen recht viel Spaß beim Wandern zu wünschen. Genießen Sie Ihre Auszeit vom Alltag mit allen Sinnen und bringen Sie in Ihrem Herzen möglichst viele wundervolle Impressionen mit nach Hause!

Mein herzlicher Dank gilt außerdem allen, die mich mit Tipps, Anregungen und Ratschlägen versorgt haben, aber auch meinem Mann Wolfram, dem keine Fototasche zu schwer und kein Weg zu weit war.

In diesem Sinne,
alles Gute für und an Sie!
Heide Geiss

Eine Muschel – mehrere Bedeutungen

Wie jeder große Pilgerort auf der Welt hat auch Santiago de Compostela sein ganz besonderes Wahrzeichen, in diesem Fall die Jakobsmuschel. Für den Pilger ist die Muschel das für jeden gut sichtbar getragene Abzeichen einer Pilgerfahrt zum Grab des Apostels Jakobus, das übrigens im 9. Jahrhundert entdeckt wurde. Früher wurde die Muschel, genauer gesagt nur die untere, stärker gewölbte Klappe, dank zwei gebohrter Löcher am Hut befestigt. Heute baumelt sie meist am Rucksack. Sie steht als Symbol für die tiefen religiösen Erlebnisse während der langen Wanderung und für die himmlische Verbindung zwischen Mensch und Gott und soll den Pilger beschützen. Ganz nebenbei erfüllt die Muschel noch zwei weitere, wesentlich profanere Zwecke: Einerseits kann er mit ihr bestens Wasser schöpfen, um seinen Durst zu stillen, andererseits weist sie dem Pilger aufgemalt auf Hinweisschildern zuverlässig den Weg bis nach Santiago de Compostela.

Warum gerade die Jakobsmuschel zum Wahrzeichen der Pilgerschaft wurde – darum ranken sich viele Legenden. Eine davon sei hier kurz erzählt: Ein junger Adeliger ritt über das Meer dem Schiff mit dem Leichnam des heiligen Jakobus entgegen, der nach Spanien gebracht werden sollte, und wurde samt Pferd von den gewaltigen Fluten verschlungen. In buchstäblich letzter Minute konnte er samt seines vierbeinigen Freundes das rettende Ufer erreichen. Als er schließlich dem Wasser entstieg, waren er und sein Pferd über und über mit Jakobsmuscheln bedeckt.

Übrigens hat selbst Papst Benedikt XVI. für sein Papstwappen unter anderem die Jakobsmuschel auserkoren. Sie zierte schon sein Wappen, als er noch Erzbischof von München und Freising war und soll darauf aufmerksam machen, dass Christen ihr Leben wie eine Pilgerwanderung zu Gott führen.

Viel weltlicher geht es dagegen mit der Jakobsmuschel in der Küche zu. Denn die circa 5–15 Zentimeter große Kammmuschel, lateinisch pecten jacobaeus *genannt, die zum Stamm der Schalenweichtiere gehört und an den Küsten des Atlantiks und des Mittelmeeres ihre Heimat hat, ist die größte essbare Muschel, die wir kennen. Wobei man bei so manch einem männlichen Genießer nicht wirklich weiß, ob er die Meeresspezialität wegen ihres ausgezeichneten Geschmacks oder wegen der ihr nachgesagten, leicht aphrodisischen Wirkung schätzt.*

Von Altötting nach Brannenburg

1 Hier schlägt Bayerns religiöses Herz

Von Altötting nach Feichten

Altötting (E Ü V) – Heiligenstatt – Garching (E Ü) – Feichten (V)

- ca. 23 km
- Nicht besonders schwere Tour ohne nennenswerte Steigungen, auch für weniger Trainierte geeignet
- Für alle, die eine Vorliebe für prächtige Wallfahrtskirchen und schöne Landschaftsimpressionen haben

Hier geht's lang

Der erste Abschnitt dieser Tour, führt uns von **Altötting** nach **Heiligenstatt**, im romantischen Mörntal gelegen, und beträgt circa sechs Kilometer. Wir starten direkt auf dem Stadtplatz von **Altötting**, auch Kapellplatz genannt, genauer gesagt bei der Stiftskirche. Diese lassen wir hinter uns und gehen zwischen dem Kapuzinerkloster und dem Kirchenväterbrunnen zur Bahnhofstraße und damit zum Bahnhof. Wenn wir den Bahnhof vor uns haben, biegen wir nach rechts ab und gelangen zu einer Kreuzung an der Bahnunterführung. Hier wechseln wir die Straßenseite, unterqueren die Gleise und führen unseren Weg auf der anderen Seite des Bahndamms, einfach an der Bahn entlang, Richtung Westen fort. Von dem Feldweg aus kommen wir auf den gut ausgeschilderten Altöttinger Pilgerweg, der uns bis **Feichten** parallel zum ausgewiesenen südostbayerischen Jakobsweg begleitet. Beim Beginn des Kreuzweges, der entlang des Mörnbachs zu finden ist, biegen wir zur ersten Betstation ab und bleiben fortan auf diesem Weg. Nachdem wir im letzten Wegdrittel dank einer Brücke die Bachseite gewechselt haben, wandern wir schnurstracks nach **Heiligenstatt** hinein, wobei uns die Wallfahrtskirche St. Salvator gut sichtbar die Ortsmitte weist. Wir verlassen den Platz vor der Wallfahrtskirche Richtung Osten, denn unser nächstes Ziel, **Garching**, erwartet uns!

Nachdem wir ein Bahngleis gekreuzt haben und zur Staatsstraße gelangt sind, zweigen wir nach rechts ab, um dann gleich wieder nach links den Hügel zur Kirche von Burgkirchen hinaufzuwandern. Von dort aus geleitet uns ein kleiner Weg in westliche Richtung, vorbei an der Franz-Xaver-Kapelle bis zu dem kleinen Dorf Waltenberg, das wir schon dank der nun geteerten Straße erspüren können. Bei der Straßenkurve nach den Häusern ruft uns der Süden, und wir gelangen nach Engolding, der nächsten Siedlung. Geradeaus und geteert geht es weiter bis zu einer breiten Kreuzung, an der wir uns für den linken Abzweig entscheiden. Bergab biegen wir nach knapp 400 Metern wieder nach rechts ab und gelangen nach Hager. Wir durchqueren Hager und wandern weiter der Sonne entgegen nach Süden durch ein kleines Wäldchen, wechseln an der Staatsstraße die Straßenseite und biegen an der Querstraße wieder rechts ab.

Garching ist nun nicht mehr weit, denn wir müssen uns nur noch nach Hub links halten, über das Bahngleis und durch den kleinen Garchinger Wald laufen und sind schon in **Garching**, gute zehn Kilometer von Feichten entfernt. Bei der neuromanischen Nikolauskirche gehen wir wieder in südliche Richtung

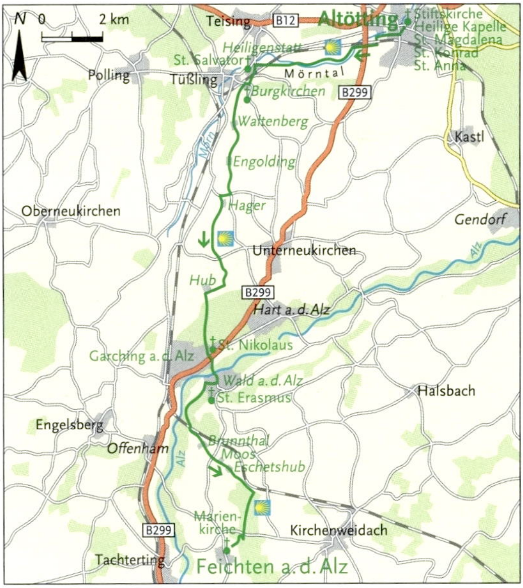

bis zum Weiler Wald. »**Feichten**« lautet dann der Abzweig von unserer Straße, dem wir folgen. Bei der Schlosskirche St. Erasmus oben auf dem Berg biegen wir nach dem ausgeschilderten Brunnthal ab und erreichen es bergab an der Bahnlinie entlang. Im Ort selber richten wir uns einfach nach der Beschilderung, gehen über die Staatsstraße und gelangen über Moos auf einer bequemen, geteerten Straße nach Eschetshub.

Direkt nach dem Örtchen biegen wir links auf einen angenehm zu gehenden Forstweg ein. Nun noch einmal kurz über die befahrene Staatsstraße, dann gleich rechts ab auf den Wald- und Wiesenweg, der leicht bergan führt. Oben angekommen können wir die Marienkirche von **Feichten** bereits sehen, die wir direkt ansteuern.

Das gibt's zu sehen

Hauptattraktion von **Altötting** ist der zentral gelegene, sehr gepflegte Kapellenplatz mit einem barocken Marienbrunnen und seinen weltlichen und geistlichen Gebäuden, wie der Heiligen Kapelle, einem der ältesten Gotteshäuser Deutschlands. In dieser Gnadenkapelle, die durch ihren achteckigen Grundriss auffällt, steht das berühmte Gnadenbild mit der schwarzen, angeblich Wunder wirkenden Muttergottesstatue, prächtig eingerahmt von viel Silber und Gold, zu der seit fünf Jahrhun-

Gnadenkapelle auf dem Altöttinger Kapellplatz

derten Millionen von Besuchern pilgern. »Religiöses Herz Bayerns« wird **Altötting** auch genannt, daher bitte auf viele Touristen einstellen! Wertvollstes Exponat der Schatzkammer mit zahlreichen Opfergaben ist das »Goldene Rössl« von 1392. Drei weitere Kirchen sind sehenswert, nämlich die barocke Jesuitenkirche St. Magdalena mit üppigem italienischem Stuck, die eher schlichte Bruder-Konrad-Kirche, die zu einem Kapuziner-Kloster gehört und den Reliquienschrein des Heiligen beherbergt, sowie die neubarocke St.-Anna-Basilika mit ihrem einen Hektar großen Hausgarten, in dem unter anderem auch Heil- und Gewürzpflanzen angebaut werden. Im Inneren des Gotteshauses bestaunen wir das monumentale Rundgemälde »Jerusalem Panorama der Kreuzigung Christi« von 1903. Im Wallfahrts- und Heimatmuseum können wir uns über die Geschichte des Ortes informieren.

Weiter geht es auf dem Kreuzweg nach **Heiligenstatt**, das erfrischende Wasser aus der Mörn stillt unseren Durst. In **Heiligenstatt** ruft uns die katholische Wallfahrtskirche St. Salvator Zum heiligen Erlöser mit ihrem 1373 geweihten Chor, dem Langhaus aus dem Jahr 1451 und der Grufthalle der Tüßlinger Schlossbesitzer. Südlich der Kirche, am Kirchenweg 4, finden wir das ehemalige Messnerhaus aus dem 18. Jahrhundert und wiederum südlich davon die zugehörige achteckige barocke Kapelle.

In romantischer Abgeschiedenheit nahe **Garching** liegt das Schloss Wald an der Alz mit der Kapelle St. Erasmus , die mit zwei Freskenzyklen von 1762 und 1930 aufwartet. Östlich davon genießen wir von der 532 Meter hohen Kobler Höhe, die durch eine eiszeitliche Moräne entstand, einen traumhaft schönen Rundblick über das Alztal bis hin zu den Alpen. An Stelle des hier errichteten, aber 1896 eingestürzten 18 Meter hohen Aussichtsturmes wurde 1897 direkt neben der Kreuzsäule eine Linde gepflanzt, die uns heute einen schattigen Rastplatz beschert.

In der gotischen, im Inneren barock ausgestatteten Wallfahrtskirche von **Feichten**, der Marienkirche, grüßt uns Wanderer Jakobus der Ältere von dem Deckengemälde.

Adressen und Öffnungszeiten:

Schatzkammer, Kapellplatz 4, an der Nordseite der Klosterkirche, 84503 Altötting, Tel. 0 86 71/51 66, Apr–Okt: Di–So 10.00–12.00, 14.00–16.00

Wallfahrts- und Heimatmuseum, Kapellplatz 4, 84503 Altötting, Tel. 0 86 71/51 66, Apr–Okt: Di–Fr 14.00–16.00, Sa, So 10.00–12.00

Heilige Kapelle (auch Gnadenkapelle), Kapellplatz 1, 84503 Altötting, tägl. 5.30–20.30, Tel. 0 86 70/51 66

Jesuitenkirche St. Magdalena, Kapellplatz 9, 84503 Altötting, Tel. 0 86 71/9 69 20, tägl. 6.30–19.00

St. Konrad, Kapuzinerstraße 1, 84503 Altötting, tägl. 8.00–19.00, Tel. 0 86 71/9 69 20

Stiftskirche St. Phillip und Jakob, Kapellplatz, 84503 Altötting

St. Anna Basilika, Bruder-Konrad-Platz 1, 84503 Altötting, tägl. 8.00–19.00, Tel. 0 86 71/9 69 20

Kirche St. Salvator, Burgkirchen 2, 84577 Tüßling/Heiligenstatt, Tel. 0 86 33/2 21, tägl. 8.00–18.00, im Sommer länger

St. Nikolaus, Altöttinger Straße 45, 84518 Garching, Tel. 0 86 34/ 2 27

Kapelle St. Erasmus im Schloss an der Alz, Oberberg 1, 84518 Garching/Wald an der Alz, Tel. 0 86 34/81 10

Marienkirche, Pfarrgasse 2, 84550 Feichten, Tel. 0 86 23/5 25, tägl. 8.00–19.00

Einkehr (E):

Gasthof Graminger, Graming 79, 84503 Altötting, Tel. 0 86 71/ 9 61 40, www.graminger-weissbraeu.de (unbedingt das naturtrübe, hier seit 100 Jahren gebraute Bier im gemütlichen Biergarten probieren)

Gasthof-Café Zum Wirtssepperl, Altöttinger Straße 36, 84518 Garching an der Alz, Tel. 0 86 34/59 94, www.wirtssepperl.de (Geburtshaus des 1788 geborenen Volkssängers J. Wasserburger, mit kleinem Biergarten und Kegelbahnen)

Gasthof Raspl, Tüßlingerstraße 2, 84579 Unterneukirchen, Tel. 0 86 34/15 35, www.raspl.de (mit Biergarten, Kegelbahnen und Kinderspielplatz, unbedingt altbayerische Biersuppe probieren)

Übernachtung (Ü):

Altstadthotel Schex, Kapuzinerstraße 11–13, 84503 Altötting, Tel. 0 86 71/9 26 40, www.altstadthotel-schex.de, Einzelzim-

mer ab 35,00 € p. P., Doppelzimmer ab 30,00 € (historisches Gebäude mit Kleinkunstbühne)
Gasthaus Auburger, Mozartstraße 5, 84518 Garching an der Alz, Tel. 0 86 34/17 58, Zimmerpreise bei Anfrage (gepflegtes Haus)
Ferienwohnung Wilhoff, Breitwiesweg 1, 84518 Garching an der Alz, Tel. 0 86 34/6 66 64 (50 qm große, gemütlich eingerichtete Wohnung)

Verkehrsanbindung/Rückfahrt (V):
tägl. ca. 12 Verbindungen mit Bus und Regionalbahn, www.rvo-bus.de
Mühldorf–Traunstein: Bus, www.reiseauskunft.bahn.de
Altötting–Burghausen: Bus, www.suedostbayernbahn.de
Altötting–München: Regionalbahn, tagsüber meist stdl., www.reiseauskunft.bahn.de

Extras:
Wer Lust hat, kann sich ab Altötting auf einem 248 km langen Radweg, dem »Benediktweg«, auf die Spuren von Papst Benedikt begeben, vorbei an Marktl, Burghausen, Traunstein und Wasserburg, www.benediktweg.info

Informationen:
Wallfahrts- und Verkehrsbüro, Kapellplatz 2a, 84503 Altötting, Tel. 0 86 71/50 62 19 oder -38, www.altoetting.de
Gemeinde Garching an der Alz, Rathausplatz 1, 84518 Garching, Tel. 0 86 34/61 10, www.garching-alz.de, www.inn-salzach.com

2 Über den 48. Breitengrad wandern

Von Feichten nach Rabenden

Feichten – Tacherting – Trostberg (E Ü) – Altenmarkt – St. Wolfgang – Rabenden (V)

- ca. 21 km
- Während der Wanderung wechseln sich leichte Abstiege immer wieder mit Anstiegen ab. Daher ist diese Route weniger für Familien mit Kindern geeignet.
- Nette sehenswerte Ortschaften, wie an einer Perlenkette hübsch aufgereiht

Hier geht's lang

Von **Feichten** bis **Tacherting** ist es wirklich nur ein Klacks! Wir starten an der Wallfahrtskirche in **Feichten**, gehen bis zur Staatsstraße und zweigen nach circa 100 Metern bei einer hübschen Kapelle nach links in eine Straße ab, die sich etwas später mit der Staatsstraße vereint und uns bis **Tacherting** bringt.
Die Route bis zu dem Industriestandort **Trostberg** beginnen wir am ausgeschilderten Traun-Alz-Radweg, der uns sicher entlang der Bundesstraße durch die Auen der Alz bis **Trostberg** führt. Hier verlassen wir den Weg, weil wir über die Traun-Brücke leicht bergan zur Altstadt, genauer gesagt zum großzügig gestalteten Stadtplatz hinaufsteigen. Bei der St.-Andreas-Kirche nehmen wir die bergab zur Alz führende Straße, die uns wieder zu dem uns schon bekannten Traun-Alz-Radweg bringt, allerdings diesmal auf der anderen Flussseite. Bis zur Bahnunterführung vor dem Wald bleiben wir dem Weg treu, um ihn dann gegen den Traunweg flussaufwärts auf der anderen Alzseite zu tauschen. Vorsicht ist geboten bei der Überquerung der befahrenen Bundesstraße! Vom großen Marktplatz aus wählen wir den Alzweg, wandern an dem Flüsschen entlang und ge-

langen nach **Altenmarkt**. Auf der Hauptstraße geht es weiter, bis wir – dank des Wegweisers – rechts auf den Berg zur Stiftskirche von Baumburg gelangen. Ein Schild macht uns darauf aufmerksam, dass sich das Kloster Baumburg genau auf dem 48. Breitengrad befindet.

Nach dem Klosterhof treten wir unsere Wanderung nach **St. Wolfgang** an, indem wir einfach nur dem ausgeschilderten Radweg »Klosterweg« bergab folgen, vorbei am Friedhof und ab in das schöne Trauntal, dessen namensgebenden Fluss wir dank einer Brücke problemlos überqueren können. Bei der ersten kleineren Straße, der wir begegnen, sagen wir dem Klosterweg Auf Wiedersehen, biegen rechts ab und gelangen bergauf nach Eck und wieder bergab zur Bundesstraße. Leider müssen wir diese Straße überqueren, um dann auf dem Radweg daneben nach Berg abzuzweigen. Von dort sind wir schnell in dem ausgeschilderten **St. Wolfgang**. Die Hauptstraße führt uns nun rechts bergab. Nachdem wir nach dem Ortsende nach rechts abgebogen sind, die Bundesstraße mal wieder überquert haben, wählen wir kurz vor Rupertsdorf die linke Straße nach Entfelden und wieder die nächste linke Straße, die uns nach **Rabenden** bringt.

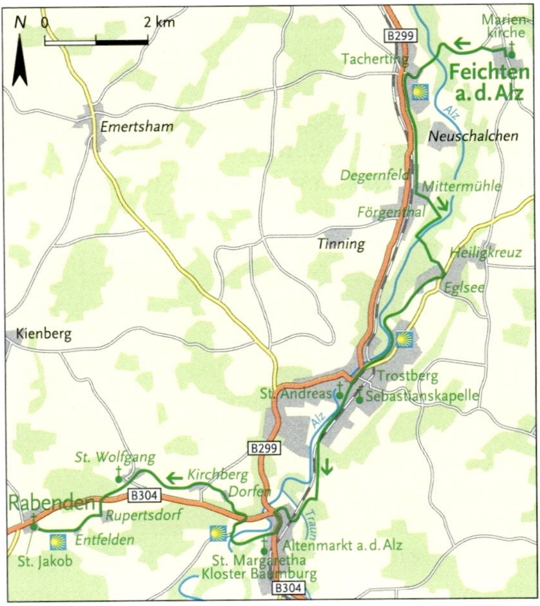

Liebliche Auenlandschaft erfreut das Auge des Wanderers.

Das gibt's zu sehen

Wie der Schulalltag unserer Großeltern und Urgroßeltern aussah, erleben wir im Schulmuseum in **Tacherting**. Zu sehen sind unter anderem Schulbücher aus zwei Jahrhunderten, alte Poesiealben und Schulbänke ab dem Jahr 1870.

Die schmucke Altstadt von **Trostberg** mit ihren historischen, bunt bemalten Häuserzeilen zieht uns wie ein Magnet an, so schön sind diese, für die Inn-Salzach-Gegend typischen Bauten! »Trostberger Orgel« heißen bei den Einheimischen die hoch über den Fluss gebauten Häuser, die – bedingt durch den steilen Abhang – mehrstöckig gebaut werden mussten. In der spätgotischen Hallenkirche St. Andreas von 1420 treffen wir wieder auf Jakobus mit dem Pilgerstab. Der Altar der frühbarocken Sebastianskapelle von 1651 stand übrigens in der 1866 abgerissenen Ursulakapelle. Wer wissen möchte, wie man sich von 1600 bis in die 1950er-Jahre in der Region einrichtete, dem sei der Besuch des Stadtmuseums in **Trostberg** ans Herz gelegt.

Sehr hübsch für alle wahren Jakobspilger sind die Weihwasserschalen in Muschelform neben der Türe der St.-Ägidius-Kirche in **Altenmarkt** anzusehen. Dort, wo Alz und Traun sich vereinen, steht in Baumburg auf einem Steilhang die trutzige, fast 850 Jahre alte, doppeltürmige Kirche St. Margaretha. Die Namensgeberin ist über dem Portal in einer Nische zu sehen, die Teil eines ehemaligen Augustinerklosters ist; das Kircheninnere präsentiert sich absolut prächtig im üppigen Barockstil.

Wie gemalt liegt auf einer Anhöhe die 1404 geweihte St.-Wolfgang-Kirche bei **St. Wolfgang**, von der aus wir einen sensationellen Blick auf die Alpenkette genießen. Bei der barocken Innenausstattung fallen uns besonders der Hochaltar mit dem heiligen Wolfgang und die gotische Steinguss-Pieta links daneben auf. Vor dem Presbyterium entdecken wir einen so genannten Schlupfstein, auf dem der heilige Wolfgang bei seiner Durchreise zum heutigen Wolfgangsee seinen Fußabdruck hinterlassen haben soll.

In **Rabenden** treffen wir der in äußerlich unscheinbar wirkenden, dem Apostel Jakobus d. Älteren geweihten Dorfkirche von 1438 auf den weltberühmten, aus der Zeit um 1515 stammenden Flügelaltar des »Meisters von Rabenden« – und gleich dreimal auf Jakobus, jeweils unterschiedlich dargestellt. Auf den Rückseiten der in der Fastenzeit sichtbaren Altarflügel lernen wir vier lateinische Kirchenlehrer kennen.

Adressen und Öffnungszeiten:

Schulmuseum, Brandstätt 2, 83342 Tacherting, Tel. 0 86 22/ 2 20, www.chiemgauer-schulmuseum.de, geöffnet nach telefonischer Voranmeldung

Stadtmuseum, Schedling 7–11, 83308 Trostberg, Tel. 0 86 21/64 52 61, Ende Apr–Mitte Okt: Di, Do 16.00–19.00, Jul, Aug auch Sa, So

Marienkirche, Pfarrgasse 2, 84550 Feichten, Tel. 0 86 23/5 25, tägl. 8.00–19.00

St. Andreas, Marienplatz 1, 83342 Trostberg, Tel. 0 86 21/ 23 56, tägl. 7.30–17.00, im Sommer bis 18.00

Sebastianskapelle, Vormarkt 36, 83342 Trostberg, tägl. 9.00–16.00, So geschl.

St. Margaretha Kirche, Baumburg 27, 83352 Altenmarkt/ Baumburg, Tel. 0 86 21/27 53, tägl. 9.00–17.00

St. Wolfgang Kirche, St. Wolfgang 3, 83352 Altenmarkt/Baumburg, Tel. 0 86 21/83 66, Schlüssel beim Messner direkt neben der Kirche

St. Jakob, Bundesstraße 304, 83352 Altenmarkt/Rabenden, Schlüssel bei Messnerin, Tel. 0 86 24/25 97

Einkehr (E):

Gasthof Zur Post, Trostberger Straße 5, 83342 Tacherting, Tel. 0 86 21/32 84, www.gasthof-zur-post-tacherting.de, Zimmerpreise auf Anfrage (Tavernstubn mit Grilltischen, Biergarten)

Gasthaus Aigner, Deisenham 1, 83308 Trostberg, Tel. 0 86 21/27 33 (bayerische und japanische Küche)

Übernachtung (Ü):

Hotel Im Trauntal, Grassacher Straße 2, 83352 Altenmarkt, Tel. 0 86 21/40 05, www.trauntalhotel.de, Zimmer ab 51,00 € p. P. (gepflegtes Hotel mit überdachter Gartenterrasse, leckere Fischspezialitäten)

Bauernhof Gröbner, Kaps 2, 83308 Trostberg, Tel. 0 86 21/73 29, Zimmer ab 15,00 € p. P. (Pony-Kutschfahrten)

Camping Oberhofer, Rohrigham, 83308 Trostberg, Tel. 0 86 21/38 19 (kleiner Campingplatz mit schönem Blick auf die Chiemgauer Alpen)

Verkehrsanbindung/Rückfahrt (V):

täglich mehrere Verbindungen mit Bus und Bahn, www.rvo-bus.de, www.reiseauskunft.bahn.de

Trostberg–München: Zug, tagsüber meist stdl., www.reiseauskunft.bahn.de

Rabenden–Trostberg: Bus, www.rvo-bus.de

Extras:

Flora und Fauna kann man live im Umweltgarten Wiesmühl an der Alz erleben, der ca. 200 m entfernt vom Bahnhof Wiesmühl nahe Trostberg zu finden ist. Hier können die großen und kleinen Besucher unter anderem in die Unterwasserwelt eintauchen und einen Fühl- und Tastpfad begehen. Geöffnet ist das interessante Zentrum von Sonnenaufgang bis Sonnenuntergang, www.umweltgarten.de

Informationen:

Gemeinde Tacherting, Trostberger Straße 9, 83342 Tacherting, Tel. 0 86 21/8 00 60, www.tacherting.de

Touristik-Information, Hauptstraße 24, 83308 Trostberg, Tel. 0 86 21/8 01 30, www.trostberg.de

Besuch bei der »Schönen« am Inn

3

Von Rabenden nach Wasserburg am Inn

Rabenden – Obing (E Ü) – Albertaich (E Ü) – Schönberg – Wasserburg (E Ü V)

- ca. 26 km
- Die nicht sonderlich anstrengende Route mit nur leichten Steigungen kann auch von weniger sportlichen Wanderern problemlos bewältigt werden.
- Traumhaft schönes bayerisches Voralpenland, idyllischer Badesee, stolze Kunst- und Künstlermetropole

Hier geht's lang

Startpunkt unserer schönen Wanderung, bei der wir immer der Muschel folgen, ist die Hauptstraße gleich bei dem Kirchenplatz in **Rabenden**, auf der wir in westlicher Richtung bis zum Ortsausgang bleiben. Hier lädt uns der Alz-Inn-Radweg, der neben der Staatsstraße verläuft, ein, ihm bis Neustadl zu folgen. Während sich der Radweg im Ort für die nördliche Richtung entscheidet, wandern wir geradeaus leicht bergauf, wechseln vorsichtig in der kommenden Kurve auf die andere Seite der Bundesstraße und biegen in das Sträßchen nach Landertsham ein. Im Ort noch einmal nach rechts und wir kommen – leicht berauf und bergab gehend – durch Großbergham nach **Obing**, das uns bereits von Weitem sichtbar grüßt.

Vom Parkplatz der Gemeinde nahe der Kirche laufen wir nun die Hauptstraße in westliche Richtung, bis wir uns beim Ortsausgang an einer Kreuzung mit drei Straßen uns für die mittlere entscheiden, die uns nach **Albertaich** bringt. Aber zuerst kommen wir durch Ilzham und folgen kurz nach dem Ort der Beschilderung »Fußweg nach Albertaich«, der sich vor dem Ortsanfang wieder mit der Hauptstraße vereint. Durch den Ort führt uns der Weg bergab an die Staatsstraße, wo wir nach links und dann bei dem Abzweig »Allertsham 15« gleich wieder nach rechts abbiegen. Wir bleiben einfach auf dem Weg, der in Surau auf sein größeres Pendant trifft. Unterhalb von Eck wandern wir über eine kleine Brücke und biegen rechts nach Stephanskirchen ab. Hinter dem Ort wechseln wir die Straßenseite der Bundesstraße und biegen kurz danach links nach Mais ab. Zuerst gehen wir am Waldrand entlang, kommen dann rechts durch einen kleinen Wald und treffen auf eine Forststraße, die wir bis zum ersten Querweg benutzen. Dann biegen wir nach links ab, stoßen etwas später wieder auf einen Querweg. Auch hier lautet die von uns gewählte Richtung links. Leicht bergan wandern wir nach Stettberg und können bereits **Schönberg** sehen, das wir über Oberthalham mühelos erreichen.

In **Schönberg** selber folgen wir der Beschilderung Weiglham. Dort angekommen zweigen wir an der Kreuzung rechts ab, kreuzen vorsichtig die Staatsstraße und nehmen rechts den Weg, der uns zur Bundesstraße führt, die wir nur kurz beanspruchen. Bei der zweiten Unterführung wenden wir uns nach links und gelangen auf die Staatsstraße, die in die Hauptstraße mündet. Genau dort nehmen wir den Radweg nach links. Beim Wirtshaus überqueren wir die Staatsstraße und folgen dem Radweg an der Straßenseite. Über die Innbrücke gelangen wir in die historische Altstadt von **Wasserburg**.

Das gibt's zu sehen

Auf dem abwechslungsreichen Wanderweg nach **Obing** spüren wir gleich, dass dieses beschauliche Fleckchen Erde etwas für naturliebende Ruhesuchende ist, die Freude an schöner Landschaft und bayerischer Gemütlichkeit haben. Unzählige Wander- und Radwege könnten wir rings um **Obing** ausprobieren, uns zieht es jedoch erst einmal zur spätgotischen Hallenpfarrkirche St. Laurentius aus dem Jahr 1491 mit drei wertvollen Schnitzfiguren. Weil wir nun schon mal in Sachen Kunst unterwegs sind, schauen wir uns gleich noch den Skulpturen-Rundweg um den Obinger See an. Es macht Spaß, die unterschiedlichsten Skulpturen zu entdecken und zu deuten – was bei moderner Kunst nicht immer ganz einfach ist! Danach haben wir uns ein erfrischendes Bad in dem 33 Hektar großen Obinger See verdient! Am besten gleich vom Strandbad aus.

In **Albertaich** treffen wir wieder auf ein sehenswertes Gotteshaus, die Jakobuskirche, deren hoher Kirchturm die ganze Gegend zu beschützen scheint. Auch die gotische Kirche in **Schönberg** hat sich den heiligen Jakobus zum Thema gemacht. Äußerlich sehr schlicht präsentiert sie im Kircheninneren hübsche bäuerliche Barockmalerei.

Die »Schöne« wird **Wasserburg** auch gerne genannt – übrigens ganz zu Recht – und damit ist nicht nur seine bezaubernde Lage gemeint, sondern angespielt wird auch auf die Schönen Künste, auf die man überall trifft. Schon immer zog und zieht es die unterschiedlichsten Künstler hierher. Jetzt sehen wir gut gelaunt dem regen Treiben in dem malerischen Städtchen **Wasserburg** entgegen, freuen uns auf die vielen Cafés und unseren Schaufensterbummel. Denn der spätgotische Kern des von der Innschleife umarmten Ortes mit seinen verwinkelten Gässchen, saalartigen Plätzen, heimeligen Laubengängen und stattlichen Bürgerhäusern lädt uns zu einem Spaziergang ein – ein Muss! Wir folgen einfach der Einladung und gelangen durch das Brucktor von 1470 mit seiner schönen Wandmalerei über die Bruckgasse zum Marienplatz mit seinem spätgotischen Rathaus aus dem Jahr 1457. Unter der prächtigen Holzbalkendecke

der Ratsstube finden klassische Konzerte statt. Das Gotteshaus St. Jakob, eine bedeutende spätgotische Hallenkirche, mit markantem Turm, bewacht die hübsche Altstadt. Im Inneren dürfen wir die prächtige Renaissance-Kanzel von 1635 und den um 1460 entstandenen Lebensbaum an der südlichen Chorwand bewundern. In der 1324 erstmals urkundlich erwähnten gotischen Frauenkirche, dem ältesten Gotteshauses der Stadt, treffen wir am Hochaltar die berühmte »Schöne Madonna« von 1430, die uns mit ihrer Lieblichkeit verzaubert. Eine kunterbunte Sammlung kunst- und kunstgeschichtlicher Exponate präsentiert das Städtische Museum im Heimathaus, einem spätgotischen Bürgerhaus mit sehenswerten Wandmalereien.

Auch einen Besuch wert ist das Erste Imaginäre Museum, in dem wir weltweit berühmten Gemälden vom Mittelalter bis ins 20. Jahrhundert begegnen, jedes einzelne allerdings ein gekonntes Replikat. Wer sich für die Geschichte des Straßenbaus und Verkehrs interessiert, sollte sich das Wegmacher-Museum nicht entgehen lassen! Wem mehr nach Natur gelüstet, wandert vom Marienplatz aus in circa 15 Minuten auf den Kellerberg und genießt den herrlichen Ausblick auf die »Perle des Inns« oder macht ab der Schiffsanlegestelle an der Inn-Brücke eine lustige Inn-Rundfahrt mit, die circa eine Dreiviertelstunde dauert.

Quicklebendig und farbenfroh präsentiert sich Wasserburg.

Adressen und Öffnungszeiten:

Rathaus am Marienplatz, 83512 Wasserburg am Inn, Führungen Sep–Jul: Di–Fr 10.00, 11.00, 14.00, 15.00, 16.00, Sa, So 10.00, 11.00

Städtisches Museum, Herrengasse 15, 83512 Wasserburg am Inn, Mai–Sep: Di–So 11.00–17.00, sonst Di–So 13.00–17.00

Erstes Imaginäres Museum, Bruckgasse 2, 83512 Wasserburg am Inn, Mai–Sep: Di–So 13.00–17.00, sonst Di–So 13.00–16.00

Wegmacher-Museum in der Straßenmeisterei, Herderstraße 7, 83512 Wasserburg am Inn, Mo–Do 8.00–11.30, 13.00–15.00, Fr 8.00–11.30

Inn-Rundfahrten ab der Schiffsanlegestelle an der Inn-Brücke in Wasserburg, Mai–Okt: tägl. 14.15, 15.15, Tel. 0 80 71/ 47 93

St. Jakob, Bundesstraße 304, 83352 Altenmarkt/Rabenden, Schlüssel bei Messnerin, Tel. 0 86 24/25 97

St. Laurentius, Kinbergerstraße 1, 83119 Obing, Tel. 0 86 24/ 22 01, tägl. 7 30–17.00, im Sommer bis 20.00

St. Jakobus, 83119 Obing/Albertaich, Schlüssel bei Messner Löw, Tel. 0 86 24/22 01

St. Jakobskirche, Kirchhofplatz 5, 83512 Wasserburg, Tel. 0 80 71/ 9 19 40, tägl. 7.30–18.00, im Sommer länger

Frauenkirche, Marienplatz, 83512 Wasserburg, Tel. 0 80 71/ 9 19 40, tägl. 7.30–18.00, im Sommer länger

Einkehr (E):

Huber-Wirt, Salzburger Straße 25, 83512 Wasserburg, Tel. 08 07 1/74 33, Sa–Do 7.00–23.00, Fr Ruhetag, www.huberwirtamkellerberg.de (regionale Küche, herrlicher Blick auf die Altstadt)

Gasthof zur Post, Wasserburger Straße 1, 83119 Obing, Tel. 0 86 24/22 06 (mit gemütlichem Biergarten und Kleinkunstbühne)

Il Toscano, Salzsenderzeile 3, 83512 Wasserburg, Tel. 0 80 71/90 40 54, www.il-toscano.de (hausgemachte Nudeln probieren)

Landgasthof Griessee, Großbergham 16, 83119 Obing, Tel. 0 86 24/22 80, www.griessee.de (fangfrische Fische aus dem Griessee)

Übernachtung (Ü):

Gasthof und Hotel Oberwirt, Kienberger Straße 14, 83119 Obing, Tel. 0 86 24/42 96 und 22 64, www.oberwirt.de, Zimmer ab 41,00 € p. P. (direkt am Obinger See mit großer Liegewiese und eigenem Badesteg)

Gasthaus und Pension Georg Hingerl, Albertaich 1, 83110 Obing, Tel. 0 86 24/15 14, Zimmer ab 16,00 € p. P., Di Ruhetag (einfacher Gasthof)

Paulaner Stuben, Marienplatz 9, 83512 Wasserburg am Inn, Tel. 0 80 71/39 03, www.paulanerstuben-wasserburg.de, Zimmer ab 25,00 € p. P. (von der Terrasse aus herrlicher Blick auf den Inn und die »Rote Brücke«)

Hotel Fletzinger, Fletzingergasse 1, 83512 Wasserburg, Tel. 0 80 71/9 08 90, Zimmer ab 32,00 € p. P.

Radlcamp im Sportpark Fit & Fun, Alkorstraße 10, 83512 Wasserburg am Inn, Tel. 0 80 71/9 26 50, www.radlcamp-wasserburg.de, Übernachtung im Schlafsack inkl. Frühstück, Dusche, WC und Fahrradverwahrung 15,00 € p. P. (günstige und praktische Übernachtungsmöglichkeit für Radler)

Verkehrsanbindung/Rückfahrt (V):

Wasserburg–München: mehrere Bahnverbindungen täglich, www.reiseauskunft.bahn.de

Extras:

Auf dem Skulpturen-Rundweg in Obing rund um den ca. 33 Hektar großen Obinger See mit Bootsverleih und Angelmöglichkeiten gibt es eine Menge unterschiedlicher Skulpturen namhafter Künstler und solcher, die es noch werden wollen zu entdecken!

Erfrischender Spaß für die ganze Familie bietet das Bade-, Sport- und Freizeitzentrum Badria, Alkorstraße 14, 83512 Wasserburg am Inn, tägl. 9.00-21.00, www.badria.de (mit Gaudirutsche, Sprudelbecken und erholsamer Saunalandschaft)

Informationen:

Touristik-Information Obing, Kiemberger Straße 5, 83119 Obing, Tel. 0 86 24/89 86 25, www.obing.de

Fremdenverkehrsamt Wasserburg, Marienplatz 2, 83512 Wasserburg am Inn, Tel. 0 80 71/1 05 22, www.wasserburg.de, www.fremdenverkehrsverein-wasserburg.de

Einmalige Landschaftsimpressionen 4

Von Wasserburg nach Rott

Wasserburg (E) – Attel – Rott (E Ü V)

- ca. 18 km
- ausgeschilderte, leichte Wanderung, auch für Familien mit Kindern gut geeignet
- Traumhaft schöne Ferienlandschaft, barocke Kirchen vom Feinsten

Hier geht's lang

Am Bahnhofsplatz in **Wasserburg** starten wir unsere schöne Wanderung, die uns in westliche Richtung bis nach **Rott** führt. Von der Bahnhofsstraße aus geht es auf einer Nebenstraße parallel zur stark frequentierten Staatsstraße bis zum Kreisverkehr. Nachdem wir nach dem Kreisverkehr die Staatsstraße unterquert haben, richten wir uns einfach nach der Beschilderung des Wasserburger Radrundwegs. Zweimal müssen wir kurz hintereinander einen Richtungswechsel vornehmen, doch

Ehemaliges Benediktiner-Kloster mit Rokokokirche in Rott

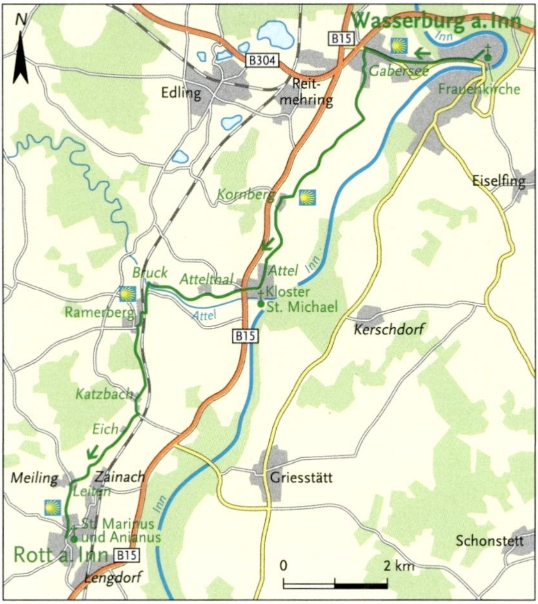

keine Bange – bei der guten Ausschilderung können wir uns gar nicht verlaufen. Circa zwei Kilometer vor Kornberg wandern wir auf einem kleinen Weg weiter, auf dem wir bleiben, bis wir den Ort erreicht haben. Weg vom Rundweg nur noch ein Stückchen geradeaus und schon sind wir in **Attel.**

Nordwestlich der Klosterkirche stoßen wir auf einen bequem zu gehenden Treppenweg, der uns an der Staatsstraße bergab in Richtung Attenthal zu einem alten Bekannten, dem Wasserburger Radrundweg, bringt. In Bruck überqueren wir auf einer kleinen Brücke die Attel und wandern nach Ramersberg. Direkt vor dem Ort wählen wir den Waldweg und gelangen bergab nach Katzbach, immer nahe der Bahnstrecke zu unserer Linken. Vorbei an Eich geht es bergauf bis nach Leiten. Von dort aus ist es nur noch ein Katzensprung bis nach **Rott**.

Das gibt's zu sehen

Die flache Flusslandschaft des Inns mit ihren unzähligen Sumpfschutzgebieten und etlichen Flussverästelungen begleitet uns – in etwas Entfernung – bis nach **Rott**. Umso überraschter sind wir, als wir in Kornberg statt flacher Landschaft ein von der Natur perfekt inszeniertes Alpenpanorama präsentiert bekommen. Wahrlich ein Augenschmaus! Balsam für unsere kunstverwöhnten Augen wird uns auch in **Attel** geboten. Das Münchner Gotteshaus St. Michael stand Pate für die üppig barocke Kirche des Klosters Attel, die 1715 erbaut wurde. Im Eingangsbereich ruht ein römischer Gedenkstein aus dem Jahre 204. Im Inneren treffen wir auf das 1509 gefertigte Stiftergrab. Heute dienen die ehemaligen Klostergebäude einer Einrichtung für behinderte Menschen.

In der ehemaligen Benediktiner-Klosterkirche St. Marinus und Anianus in **Rott**, ein sehenswerter Rokokobau, erbaut von 1759–67, geben sich berühmte Künstler, wie der Maler Matthäus Günther mit den Deckenfresken oder der Bildhauer Ignaz Günther mit dem Hochaltar ein umwerfendes Stelldichein. Auf dem Friedhof wurde der am 3.10.1988 verstorbene bayerische Ministerpräsident Franz-Josef Strauß in der Familiengruft neben seiner Gattin beigesetzt. Aber **Rott** kann noch mit einem anderen Kunstwerk aufwarten. Von hier genießt man einen beeindruckend schönen Fernblick auf die Alpenkette, genauer gesagt auf den legendären Watzmann, die Chiemgauer Berge mit ihrem bekanntesten Vertreter, der Kampenwand, und das zackige Kaisergebirge, um nur einige alpine »Bonbons« zu nennen.

Adressen und Öffnungszeiten:

Frauenkirche, Marienplatz, 83512 Wasserburg, Tel. 0 80 71/ 9 19 40, tägl. 7.30–18.00, im Sommer länger

St. Michael, Attel 36 83512 Wasserburg/Inn, Tel. 80 71/23 70

St. Marinus und Anianus, Kirchweg 9 83543 Rott am Inn, Tel. 0 80 39/12 02

Einkehr (E):

Fischerstüberl Attel, Elend 1, 83512 Wasserburg am Inn, Tel. 0 80 71/25 98, Di Ruhetag, www.fischer-stueberl-attel.de (ausgezeichnete Fischgerichte, allerdings nicht preisgünstig)

Pizzeria Michelangelo, Lengdorf 30, 83543 Rott am Inn, Tel. 0 80 39/90 93 33, Di–Sa 11.30–14.00, 17.30–22.00, Mo Ruhetag (preisgünstig und gut, mit Biergarten)

Übernachtung (Ü):

Landgasthof Stechl, Marktplatz 5, 83543 Rott am Inn, Tel. 0 80 39/12 25, Zimmer ab 22,00 € p. P. (die hausgemachten Kuchen probieren)

Gasthaus Am Kirchplatz, Marktplatz 2, 83543 Rott am Inn, Tel. 0 80 39/12 22, Zimmer ab 22,00 € (einfache Zimmer mit Etagenbad-Dusche)

Verkehrsanbindung/Rückfahrt (V):

Rott–Rosenheim: Bahn und Bus, mehrmals am Tag, www.rvo-bus.de

Rosenheim–München: Zug, www.reiseauskunft.bahn.de

Wasserburg–München: Bahn, tagsüber meist halbstündlich, www.rvo-bus.de, www.reiseauskunft.bahn.de

Informationen:

Fremdenverkehrsamt Wasserburg, Marienplatz 2, 83512 Wasserburg am Inn, Tel. 0 80 71/1 05 22, www.wasserburg.de, www.fremdenverkehrsverein-wasserburg.de

Verwaltungsgemeinschaft Rott am Inn, Kaiserhof 3, 83543 Rott am Inn, Tel. 0 80 39/9 06 80, www.rottinn.de

Bayerische Naturidylle meets barocke Pracht

5

Von Rott nach Weihenlinden

Rott (Ü) – Tuntenhausen – Beyharting – Weihenlinden (E Ü V)

- ca. 25 km
- Mal geht es bergauf, mal geht es bergab! An diesem schönen Weg haben etwas sportlichere Wanderer Freude.
- Ausblick auf sanft hügelige Landschaften, Einblick in bayerisch-barocke Gotteshäuser

Hier geht's lang

In **Rott** wählen wir die Straße Richtung Rosenheim, die uns bergab nach Ritzmehring führt. Dobl, Ritzmehring und Frauenöd heißen die kleinen Dörfer, die an unserer Route liegen. In Frauenöd suchen wir uns den linken Abzweig aus und gelangen auf einer Feldstraße bergab über Ranft zum Waldrand hin, wo sich die geteerte Straße in einen einfachen Forstweg verwandelt. Kaum sind wir dort angelangt, biegen wir gleich bei der kleinen Kreuzung links ab, wandern etwas geradeaus bergauf und kommen, vorbei an einer Wegkreuzung, zu einer weiteren Anhöhe, an der wir den Hauptweg verlassen und rechts auf einen Wanderweg abbiegen. Dieser Weg beim Grenzstein Nr. 56 begleitet uns dann mit etlichen Kurven circa einen Kilometer bis zum Ortsrand von Holzbichl. Wir gehen nicht in den Ort hinein, sondern biegen direkt davor links ab und kommen nach Unterrain. Das für Autos gesperrte, an der Bushaltestelle nach rechts gehende Sträßchen bringt uns nach Ostermünchen. Auch hier haben wir keinerlei »Ortsberührung«, da wir uns vor dem Dorf links Richtung Wasserturm halten. Die Kampenwandstraße führt uns bergab zur Burgfeldstraße. Nachdem wir vorsichtig die Staatsstraße über- und die Bahnhofstraße unterquert haben, kommen wir bergauf in Berg an. Diesmal

gehen wir durch den Ort, weil wir am Ortsausgang auf den ausgeschilderten »Fußweg nach Tuntenhausen« treffen, wobei wir die Schilder eigentlich nicht benötigen, denn der majestätisch in den Himmel ragende Kirchturm der Marienkirche von **Tuntenhausen** weist uns selbst den richtigen Weg. Und von gerade dieser Kirche aus führt uns die Route weiter in Richtung Westen, genauer gesagt von der Graf-Arco-Straße in Richtung Sindlhausen, an einer Kläranlage vorbei und in einen Wald hinein. Noch bevor es aufwärts geht, biegen wir nach links ab, bei der nächsten Möglichkeit auf der Wiese nach rechts, um dann wieder unsere gewohnte West-Richtung einzuschlagen.
Wir orientieren uns an dem weithin sichtbaren Turm der Klosterkirche von **Beyharting**, die wir von einer kleinen Anhöhe aus auf einer Teerstraße erreichen. Der Radweg neben der leider sehr befahrenen Hauptstraße nach Bad Aibling geleitet uns bis zu dem rechten Abzweig auf den über 500 Meter hohen Jakobsberg, den wir in südlicher Richtung bergab verlassen. Über Fischbach gelangen wir nach Maxlrain und wandern weiter – immer nach Süden. Nach der Brauerei zweigen wir rechts in die Weihenlindener Straße ab und kommen durch ein kleines

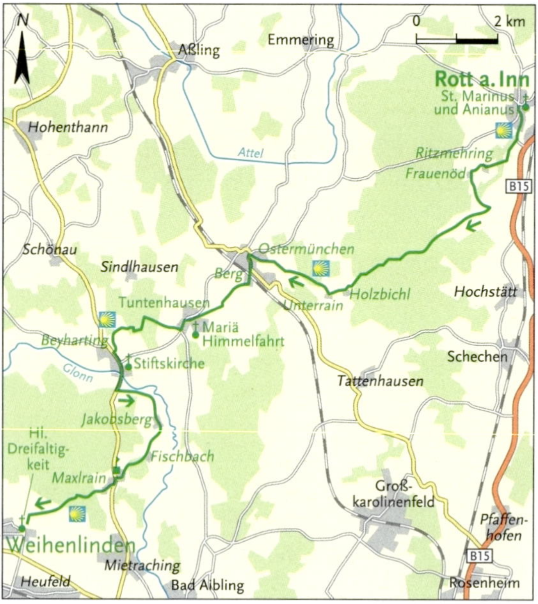

Der Klostergarten in Rott – eine Oase der Ruhe

Wäldchen zur Kirche in **Weihenlinden**, leicht erkennbar durch ihre Doppeltürme.

Das gibt's zu sehen

Langeweile kommt bei dieser Route, die wir in **Rott** beginnen, bestimmt nicht auf, denn wir wandern bergauf und bergab durch eine abwechslungsreiche Wiesen- und Waldlandschaft, lernen beschauliche »echt bayerische« Dörfer kennen und erleben prächtige Kunstwerke, wie die Wallfahrtsklosterkirche Mariä Himmelfahrt in **Tuntenhausen**, Lieblingskirche des Wittelsbacher Kurfürsten Maximilian I. Der Klosterkomplex gehörte einst zum Kloster Tegernsee und erlebte Ende des 15. Jahrhunderts bis zum 17. Jahrhundert als Wallfahrtsort seine Blüte. Als das Gotteshaus 1548 abbrannte, sollen sich Ströme von Wachs in das Dorf ergossen haben – alles geschmolzene Wallfahrtskerzen! Das 1628–30 in seiner heutigen spätgotischen Form erbaute Gotteshaus wartet stolz auf mit einem üppig geschmückten Hochaltar, auf dem das Gnadenbild der Muttergottes zu sehen ist. Besonders zur Weihnachtszeit ist die mehrere Meter lange Tuntenhauser Krippe mit ihren barocken Figuren aus der Zeit des Kurfürsten Ferdinand Maria sehenswert, die im Pfarrheim gleich neben der Kirche ausgestellt ist.

Nach **Tuntenhausen** erleben wir einen herrlichen Bergblick, unter anderem auf die Schlierseer Berglandschaft. Die ehemalige Augustiner-Chorherrenstiftskirche in **Beyharting** besticht durch ihre filigranen Stuckarbeiten, die von keinem Geringeren als Johann Baptist Zimmermann stammen. Golf-Liebhaber können auf dem 27-Loch-Platz rings um das Schloss Maxlrain ihr Können zum Besten geben. Zu dem märchenhaft aussehenden Schloss zwischen uralten Eichen, in dem seit 1746 eigenes Bier gebraut wird, gehört auch eine Schlosskapelle mit Stuckaturen von Johann Baptist Zimmermann. Da das Schloss auch heute noch von einem echten Prinzen samt Prinzessin bewohnt wird, kann es nicht besichtigt werden.

In dem kleinen Weiler Jakobsberg stoßen wir auf eine Jakobskirche, die uns mit ihren barocken Malereien Szenen aus dem Leben des Jakobus erzählt. In **Weihenlinden** lädt uns die doppeltürmige Wallfahrtskirche Heilige Dreifaltigkeit, erbaut von 1653–57, mit üppiger Stuckatur und ziemlich großem Hochaltar zu einem Besuch ein. Im Nachbarort Bruckmühl haben Kinder jede Menge Spaß im lehrreichen Tierkundemuseum und in dem angrenzenden 27000 Quadratmeter großen Auwald-Biotop, in dem sich zahlreiche einheimische Tiere tummeln.

Adressen und Öffnungszeiten:

Tuntenhausener Krippe: im Pfarrheim direkt neben der Kirche, Tel. 0 80 67/2 82, 1. Advent–2. Feb: Sa 13.00–16.00, So, Fei 10.00–11.30, Weihnachtsferien: tägl. 13.00–16.00, sonst nach Vereinbarung

Golfclub Schloss Maxlrain, Freiung 14, 83104 Tuntenhausen, Tel. 0 80 61/14 03, www.golfclub-maxlrain.de

Verwaltungsgemeinschaft, Graf-Arco-Straße 18, 83104 Tuntenhausen, Tel. 0 80 67/9 07 00

Tierkundemuseum, Bahnhofstraße 30, 83052 Bruckmühl, Tel. 0 80 62/43 23, Mi, Sa, So 14.00–16.00

St. Marinus und Anianus, Kirchweg 9 83543 Rott am Inn, Tel. 0 80 39/12 02

Mariä Himmelfahrt, Kirchplatz 2, 83104 Tuntenhausen, tägl. 9.00–19.00, Tel. 0 80 67/2 82

Stiftskirche, Maxlrainerstraße 11, 83104 Tuntenhausen/Beyharting, tägl. 9.00–18.00

Kirche Heilige Dreifaltigkeit, Adelfurterstr. 3, 83052 Bruckmühl/Weihenlinden, tägl. 8.00–17.00, im Sommer bis 18.00

Einkehr (E):

Gasthaus Bartl, Dorfstraße 29, 83052 Bruckmühl-Högling, Tel. 0 80 62/12 31 (bodenständiges Gasthaus mit gutbürgerlicher Küche und kleinem feinem Restaurant)
Gasthof zur Schönen Aussicht, Schöne Aussicht 9, 83052 Kleinhöhenrain, Tel. 0 80 63/86 63 (herrlicher Ausblick auf das Inn- und Mangfalltal bis zur Zugspitze, Obstbrände aus Höhenrain, leckere Fischspezialitäten)
Landgasthof Weihenlinden, Lindenstraße 45, 83052 Weihenlinden, Tel. 0 80 62/86 70, Apr–Okt: Mo–So 11.00–22.00, Fr 17.00–22.00 (mit schönem Biergarten, Schweinebraten mit Biersauce probieren)

Übernachtung (Ü):

Landgasthof Großer Wirt, Am Griesberg 2, 83052 Bruckmühl, Tel. 0 80 62/90 89 80, www.gasthof-grosser-wirt.de, Zimmer ab 47,00 € p. P. (exzellentes Essen – nicht ganz preiswert)
Naturland Hof, Stöbersberg 2, 83543 Rott am Inn, Tel. 0 80 39/12 24 (Preis auf Anfrage, Selbstversorgung, mit Kleintieren, 15 Betten und Jugendzeltplatz für ca. 150 Personen)

Verkehrsanbindung/Rückfahrt (V):

Weihenlinden–Rosenheim: Bus, www.rvo-bus.de
Rosenheim–München: Bahn, www.reiseauskunft.bahn.de

Extras:

Die Theaterhalle Heufeld, Hans-Scheibmaier-Straße 6, 83052 Bruckmühl lädt zum unterhaltsamen Theatergenuss ein, www.stadltheater.de

Informationen:

Zimmervermittlung Berta Obermaier, Schnürmann 1, 83052 Bruckmühl-Schnürmann, Tel. 0 80 62/30 40, www.bruckmuehl.de
Markt Bruckmühl, Rathausplatz 4, 83052 Bruckmühl, Tel. 0 80 62/5 90, www.weihenlinden.de

Hätten Sie's gewusst?

Zur Ausrüstung eines jeden Jakobsweg-Pilgers gehörte und gehört natürlich auch heute noch bekanntermaßen eine Stütz- und Gehhilfe, der so genannte Jakobsstab. Doch auch in der frühen Geschichte der Seefahrt ist der Jakobsstab in anderer Funktion zu finden. Hier gab er seinem Besitzer zwar keinen Halt, wurde aber dafür als nautisches Instrument zum Beispiel zur Winkelmessung zwischen zwei Gestirnen und damit für die Bestimmung des bei der Schifffahrt nicht ganz unwichtigen Standorts verwendet. Wegen der großen äußerlichen Ähnlichkeit zur Gehhilfe der Pilger taufte man dieses astronomische Gerät Jakobsstab.

Um mit dem Stab navigieren zu können, wurden an einem circa 70 Zentimeter langen Holzstab ein bis vier Querstäbe befestigt. Der Stab wurde in Augenhöhe gehalten und durch Verschiebung der Querstäbe die Peilung durchgeführt.

Es wird angenommen, dass bereits Plinius, Virgil und Archimedes einen Jakobsstab zur Sternebestimmung verwendeten, der allerdings ein etwas anderes Aussehen hatte. Die allererste schriftliche Beschreibung des nautischen Hilfmittels stammt aus dem 13. Jahrhundert und gelangte über Umwege nach Wien. Hier wurde dann 1472 mit Hilfe des Jakobsstabes ein Komet vermessen, der sich damals – riesengroß – am Himmel zeigte. Im 16. Jahrhundert lobte man den Jakobsstab als »bequemstes« Instrument zum Navigieren, wobei wir aber über den Seefahrer und Entdecker Christoph Kolumbus wissen, dass dieser keinen an Bord seines Schiffes hatte. In seinen Tagebuchaufzeichnungen steht zu lesen, dass er zur Breitenbestimmung stattdessen ein so genanntes Astrolabium, ein anders arbeitendes nautisches Gerät verwendete.

Erst im 18. Jahrhundert, 500 Jahre nach seiner ersten Erwähnung, hatte der Jakobsstab ausgedient und wurde durch den damals neu erfundenen Spiegeloktanten ersetzt. So manch alter eingefleischter Seebär schwört noch heute auf den Jakobsstab als probates Navigationsmittel und macht sich so von der zwar hochmodernen, aber oft anfälligen Schiffstechnik unabhängig.

Charmantes Kuren in Bayerns ältestem Moorheilbad 6

Von Weihenlinden nach Au bei Bad Aibling

Weihenlinden – Willing – Au bei Bad Aibling (E Ü V)

- ca. 17 km
- Diese Tour stellt keine besonderen Ansprüche an den Wanderer und ist auch bestens für weniger Trainierte geeignet.
- Bäuerliches Alpenvorland, beeindruckender Panorama-Gebirgsblick und die »Kleine Wies«, ein ganz besonderes barockes Kleinod

Hier geht's lang

Wir verlassen die markante doppeltürmige Wallfahrtskirche in **Weihenlinden** in südliche Richtung und kreuzen die ziemlich befahrene Bundesstraße. Dann geht's geradeaus, bis wir nach Heufeld, einem Ortsteil von **Weihenlinden** kommen. Nach dem Bahngleis biegen wir nach links ab und wandern auf dem Radweg, der parallel zu den Gleisen führt, bis Markfeld. Bei der Schranke des Bahnübergangs biegen wir rechts ein, also weg von den Gleisen, und gelangen über den Bognerweg bis in den Wald. Das Elektrizitätswerk ist nun für uns richtungsweisend, denn genau hier überqueren wir den Kanal und begleiten ihn noch ein Stückchen am anderen Ufer.

Der bequeme Radweg nach dem zweiten Kanal führt uns über die Mangfall. Kurz danach können wir schon die Jakobskirche in **Willing** sehen, die uns als Orientierungshilfe dient. Der bestens ausgeschilderte Radweg in Richtung Bad Feilnbach, den wir von der Staatstraße bei der Willinger Kirche aus problemlos finden, bringt uns auf einer ehemaligen Bahntrasse direkt in den Ort Berbling. Von dort aus führt uns der Radweg über Kreuzhub und Berghalde bis kurz vor Au bei Bad Aibling, wo er zuerst in einen Feld- und dann in einen Waldweg

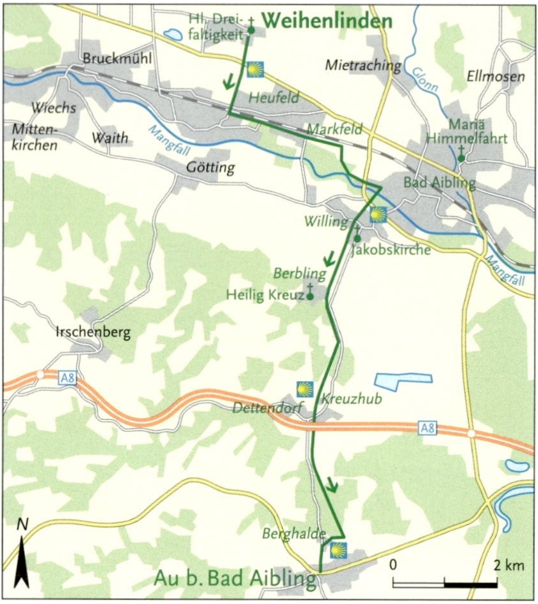

übergeht. Kaum endet der Wald, können wir auf einem geteerten Sträßlein wandern, das uns rechts zur Staatsstraße führt. Jetzt müssen wir nur noch die zweite Straße links nehmen, die einen kleinen Bach begleitet, und über eine Brücke ins Zentrum von **Au bei Bad Aibling** wandern.

Das gibt's zu sehen

Die barocke Dreifaltigkeitskirche in **Weihenlinden** mit ihrer Madonna aus dem 15. Jahrhundert, ein sehr beliebtes bayerisches Wallfahrtsziel, zeigt eine interessante architektonische Rarität, nämlich einen doppelstöckigen Hochaltar. Die Jakobskirche in **Willing** berichtet uns in Form von schönen Wandmalereien sowohl von Jakob dem Älteren als auch Jakob dem Jüngeren. Von **Willing** bis Berbling genießen wir den herrlichen Panoramablick auf die beeindruckend imposante Alpenkette. Zu sehen sind unter anderem das markante Kaisergebirge und die Chiemgauer Berge mit ihrem »Vorzeigeberg«, der Kampenwand.

Der historische Kern des schmucken Ortes Berbling am östlichen Fuß des Irschenberges hat den Grundriss eines typischen bayerischen Haufendorfs. Die bäuerliche Bauweise des Alpenvorlands und die beschauliche Moorlandschaft rings um Berbling begeisterten den Maler Wilhelm Leibl derartig, dass er sich hier um 1880 niederließ. Das Innenleben der 1751–56 von Philipp Millauer und Hans Thaller erbauten Rokoko-Pfarrkirche Heilig Kreuz, wegen ihrer prächtigen Ausstattung auch »Kleine Wies« genannt, inspirierte den Künstler 1882 zu seinem berühmten Werk »Drei Frauen in der Kirche«. Gleich neben dem Gotteshaus genießen wir noch kurz den herrlichen Anblick eines mit Lüftlmalerei verzierten Bauernhofs.

Die 1650 erbaute Rokoko-Wallfahrtskapelle in **Au bei Bad Aibling**, die sich etwas zwischen Häusern versteckt hält, hat heute als Wallfahrtsort so gut wie keine Bedeutung mehr, ist aber dennoch einen Besuch wert. Mittelpunkt von Bad Aibling, Bayerns ältestem Moorheilbad seit 1844, ist der schmucke Marienplatz mit seiner Mariensäule. Die spätgotische Kirche Mariä Himmelfahrt schaut stolz vom Hofberg herab. Im Heimatmuseum, einem alten Gebäude mit massivem Walmdach und einer gemalten Ansicht des Ortes um 1700 an seiner Vorderseite, gibt es unter anderem die vollständig rekonstruierte Werkstatt eines Fassbinders zu sehen. Sehenswert ist auch die Kuttlinger Bauernstube, in der einst der Maler Wilhelm Leibl einige seiner bekannten Werke schuf. Wenn es die Zeit erlaubt, ist ein Spaziergang durch den Kurpark der Stadt zu empfehlen, der

Nicht zum Nachahmen empfohlen – »Wassergeher« in Bad Aibling

mit seinem kleinen Weiher, Moorgarten, Wildstaudenbereich, der Vogelvoliere und dem ökologischen Wasserlehrpfad zu den schönsten Deutschlands zählt.

Adressen und Öffnungszeiten:

Heimatmuseum Bad Aibling, Wilhelm-Leibl-Platz 2, 83043 Bad Aibling, Tel. 0 80 61/46 14, Sa, So 14.30–17.00

Kirche Heilige Dreifaltigkeit, Adelfurterstr. 3, 83052 Bruckmühl/Weihenlinden, tägl. 8.00–17.00, im Sommer bis 18.00

Jakobskirche, Eugen-Belz-Str. 25, 83361 Kienberg/Willing, Tel. 0 80 61/34 14 59, tägl. 8.30–17.00

Heilig Kreuz Kirche, 83043 Bad Aibling/Berbling, Tel. 0 80 61/ 4 97 59 14, tägl. 8.00–19.00

Mariä Himmelfahrt, Hofberg 1, 83043 Bad Aibling, Tel. 0 80 61/ 9 32 80, tägl. 9.00–20.00, im Sommer länger

Einkehr (E):

Gasthaus Schoder, Lagerhausstraße 2, 83043 Bad Aibling, Tel. 0 80 61/72 01, www.metzgerei-schoder.de, Sa, So, Fei geschlossen (eigene Metzgerei, Weißwürste probieren)

Gasthaus Neugarten, Rosenheimer Straße 41, 83043 Bad Aibling, Tel. 0 80 61/24 56 (Biergarten, Sa Weißwurst-Frühstück)

Gasthaus zum Dauschn, Lippertskirchen 18, 83075 Bad Feilnbach, Tel. 0 80 66/86 91 (gemütlich ruhiger Biergarten)

Übernachtung (Ü):

Hotel Johannisbad, Rosenheimer Straße 45, 83043 Bad Aibling, Tel. 0 80 61/9 34 60, Zimmer ab 45,00 € p. P.

Gasthof Kriechbaumer, Ebersberger Straße 72, 83043 Bad Aibling, Tel. 0 80 61/72 02, einfache saubere Zimmer ab 24,00 € p. P. (gemütliches Gasthaus mit bayerischer Kost)

Verkehrsanbindung/Rückfahrt (V):

tagsüber mehrere Verbindungen mit Bus und Regionalbahn, www.rvo-bus.de

Bad Aibling–Raubling: private Bus-Linie 38, Steinbrecher, Kirchenstraße 19, 83098 Brannenburg, Tel. 0 80 34/10 01

Raubling–München: Zug, www.reiseauskunft.bahn.de

Informationen:

AIB-KUR Gesellschaft für Kur & Fremdenverkehr Bad Aibling mbH Co. KG, Kurverwaltung/Tourist-Information, Haus des Gastes, Wilhelm-Leibl-Platz 3, 83043 Bad Aibling, Tel. 0 80 61/9 08 00

Schöne Naturschutzgebiete

7

Von Au bei Bad Aibling nach Brannenburg

Au bei Bad Aibling – Bad Feilnbach (E Ü) – Brannenburg (E Ü V)

- ca. 17 km
- Die etwas anstrengende, aber nicht besonders lange Wanderung ist mehr für trainierte Wanderer und nicht für Familien mit Kindern geeignet.
- Herrliche und halbschattige Waldwege, naturgeschützte Filze mit seltener Flora und Fauna

Hier geht's lang

Die Taxakapelle in **Au bei Bad Aibling**, eine kleine Rokoko-Wallfahrtskapelle, ist Ausgangpunkt unserer schönen Tour. Von dort aus ziehen wir in den Süden und biegen rechts in die Heubergstraße ein. An der Kreuzung gehen wir links in den Kreuthweg. Er führt auf einen größeren Weg, der uns nach Gottschalling bringt. Im Ort müssen wir an der Hauptstraße auf die andere Straßenseite wechseln, wobei wir einfach an dem bergab plätschernden Bach zu dem etwas bergauf liegenden Trogen gehen. Von dort bringt uns zuerst eine bergab führende, geteerte Straße, die dann von einem Feldweg abgelöst wird, durch den Wald nach Lippertskirchen.

Gut ausgeschildert und etwas bergauf geht es nun weiter bis nach **Bad Feilnbach**. Am Ortsanfang, wo eine Querstraße unsere Straße kreuzt, biegen wir links ab und gelangen direkt in den Ort hinein. Die Hauptstraße bestimmt unsere weitere Richtung, auf der wir, vorbei an der Kirche auf der rechten Seite und am Rathaus auf der linken Seite, in Richtung Großholzhausen wandern. Nach dem netten Dorf Wiechs führt uns der Weg nach Kleinholzhausen. Kurz vor dem Dorf, gleich nach

Bäuerliche Blumenpracht in Brannenburg

dem Litzldorfer Bach, gehen wir in die Steinrucker Straße und biegen dann links in den Mitterfeldweg ein, der uns nach Großholzhausen bringt. Dort folgen wir einfach nur der Beschilderung zum Schwimmbad, um dann den Ort in Richtung **Brannenburg** zu verlassen. Der ausgeschilderte Weg führt uns durch die Schatten spendenden Wälder der Brandfilze und der Abdeckerfilze, beides einmalig schöne Naturschutzgebiete. Von Schwarzlack ist es nur noch ein Klacks, genauer gesagt circa 30 Minuten, bis zu dem auf der anderen Bergseite liegenden Ort **Brannenburg**.

Das gibt's zu sehen

Die wunderschönen Landschaftsformen der Filze mit kleinen Tälern und Hügeln, einmalige Naturschutzgebiete, begleiten uns auf dieser abwechslungsreichen Route. In Wiechs lädt uns die schöne Rokokokirche »Zum Heiligen Laurentius« zu einem empfehlenswerten Besuch ein. Wir hören von Einheimischen, dass Wiechs, das seinen Namen von dem lateinischen »vicus« ableitet, was so viel wie Ort bedeutet, wie »wiachs« ausgesprochen wird – man muss sich ja schließlich nicht gleich als Tourist outen!

Interessante Unterhaltung für die ganze Familie bietet das Urweltmuseum in Kleinholzhausen, das auf über 460 Quadratmetern Ausstellungsfläche über 2 000 Fossilien und Mineralien präsentiert – und natürlich jede Menge »echte« Dinosaurier. Deren Nachfolger können wir im Schildkrötenbecken im Biergarten live erleben. Die Deckenfresken der St.-Georgs-Kirche in Großholzhausen, die von der Enthauptung des heiligen Jakobus erzählen, sind natürlich nicht jedermanns Sache, beeindrucken aber genau wie die üppige barocke Pracht im Inneren des Gotteshauses.

Von der ehemaligen Einsiedelei Schwarzlack am Fuße des Sulzberges, heute ein ausgesprochen beliebter Berggasthof, genießen wir den herrlichen Blick über die gefällige Landschaft. Wer Zeit hat, kann sich gemütlich auf der Terrasse mit Weitblick niederlassen und eine Pause bei hausgemachtem Kuchen einlegen. Oder wir zünden in der kleinen schmucken Wallfahrtskirche daneben eine Kerze an – der passende Wunsch dazu fällt uns sicher ein! Bereits Ende des 19. Jahrhunderts trafen die ersten Urlauber »zur Sommerfrische« in **Brannenburg** ein, das seit 1955 anerkannter Luftkurort ist. Unter ihnen waren illustre Persönlichkeiten wie Max Liebermann oder Wilhelm Busch, die sich hier, am Fuße des Wendelsteins, zu dem ein oder anderen Werk inspirieren ließen. In Erinnerung an diese Zeiten

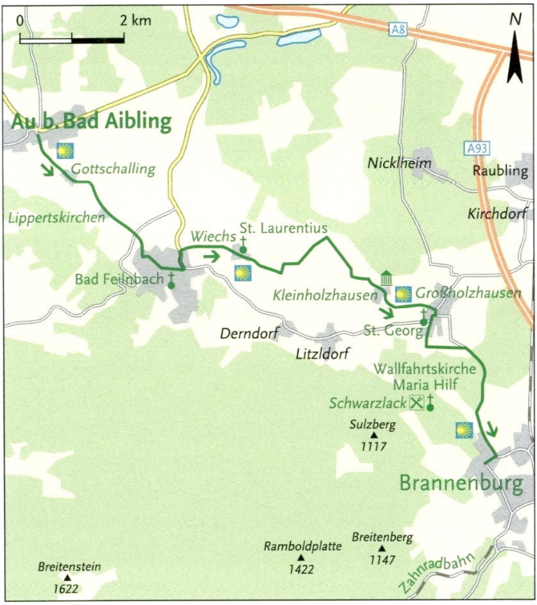

bietet das Verkehrsamt einen »Kulturverführer« an, der uns auf einen Kulturspaziergang mit elf Stationen durch den Ort mitnimmt. Von **Brannenburg** aus führt eine Seilbahn auf den über 1800 Meter hohen Wendelstein, beliebter Hausberg der Münchner, mit Observatorium, Unterkunftshütte, Wetterwarte und einem sensationellen 360°-Blick! Wesentlich gemütlicher ist es, wenn wir den Berg statt mit modernster Technik mit der 1912 eröffneten, schwer schnaufenden Zahnradbahn Meter um Meter erklimmen.

Adressen und Öffnungszeiten:

Urweltmuseum Neiderhell, Steinbrucker Straße 4, 83064 Kleinholzhausen, Tel. 0 80 34/18 94, www.urweltmuseum.com, Mo–Fr 10.00–14.00, Sa, So, Fei 11.00–15.00, Mi geschlossen

Wendelsteinbahn, 83098 Brannenburg, Kerschelweg 30, Tel. 0 80 34/30 80, Abfahrtszeiten: www.wendelsteinbahn.de

St. Laurentius in Wies, 83075 Bad Feilnbach

St. Georg, Kirchendorfer Straße, 83064 Raubling/Großholzhausen, Tel. 0 80 34/36 68, tägl. 8.00–17.00

Wallfahrtskirche bei der Einsiedelei, Kirchwald, 83131 Nussdorf, Tel. 0 80 34/22 50, tägl. 9.00–17.00, im Sommer länger

Einkehr (E):

Gasthaus Aumanwirt, Mühlweg 34, 83075 Raubling, Tel. 0 80 66/4 56, www.aumanwirt.de, Mo Ruhetag (hausgemachte Säfte und Most probieren)

Tiroler Hof, Aiblinger Straße 95, 83075 Bad Feilnbach-Derndorf, 3 km bis Bad Feilnbach Mitte, Tel. 0 80 66/2 13 (seit 1938 im Familienbesitz, leckere Wild- und Fischgerichte)

Forellen Stuben, Oberhofen 1, 83075 Bad Feilnbach/Au, Tel. 0 80 64/3 81 (fangfrische Forellen und Wildgerichte, auch Zimmer ab 24,00 €)

Bergcafé Hofer Alm, Gundelsbergerstraße 12, 83075 Bad Feilnbach, Tel. 0 80 66/3 11 (700 m über dem Ort genießt man von der Panoramaterrasse einen herrlichen Ausblick auf Bad Feilnbach und das gesamte Inntal)

Café Moosmühle, Moosmühle, 83075 Bad Feilnbach, Tel. 0 80 66/2 79 (bei schönem Wetter kann man gemütlich im Garten sitzen)

Gasthaus Café Bärenstub'n, Schwarzenbergstraße 7, 83075

Bad Feilnbach, Tel. 0 80 66/6 00, www.baerenstubn.de, Mi Ruhetag (samstags frische Schweinshaxn)

Berggasthof Schwarzlack, am Fuße des Sulzberges, 83098 Brannenburg, Tel. 0 80 34/79 90, Di Ruhetag, im Nov 3 Wochen geschlossen (mit dem PKW erreichbar, hausgemachte Kuchen)

Gasthof Schloßwirt, Kirchplatz 1, 83098 Brannenburg, Tel. 0 80 34/7 07 10, www.schlosswirt.de (Wilhelm Busch war hier oft zu Besuch, beste bayerische Küche)

Übernachtung (Ü):

Hotel Lutz, Kufsteiner Straße 55, 83075 Bad Feilnbach, Tel. 0 80 66/9 07 00, Zimmer ab 20,00 € p. P. (familiäre Atmosphäre)

Landgasthof Kistlerwirt, Münchner Straße 21, 83075 Bad Feilnbach, Tel. 0 80 66/9 03 60, www.kistlerwirt.com, Zimmer ab 25,50 € p. P.

Pension Berghof, Am Lutznfeld 1, 83098 Brannenburg, Tel. 0 80 34/23 93, Zimmer ab 31,00 € p. P. (mit Fitnessraum und Saunalandschaft)

Tenda Camping und Freizeitpark, Reithof 2, 83075 Bad Feilnbach, Tel. 0 80 66/5 33, www.tenda-camping.de, Zelt mit Auto ab 12,50 € (4-Sterne-Campingplatz am Rande eines Naturschutzgebietes)

Ponyreithof St. Margarethen, Gembachau 5, 83098 Brannenburg, Tel. 0 80 34/29 09, www.ponyreithof.de, in dem 300 Jahre alten Bauernhof gibt es 2 Ferienwohnungen, ab 45,00 €, Reitstunde ab 12,50 € (mit Streichelzoo)

Verkehrsanbindung/Rückfahrt (V):

tagsüber meist stdl., Bus, Regionalbahn

Bad Aibling–München: tagsüber meist alle 30 Min. mit Bus und Regionalbahn

Bad Aibling–Rosenheim: Steinbrecher, private Bus-Linie 38, Kirchenstraße 19, 83098 Brannenburg, Tel. 0 80 34/10 01 oder tagsüber meist alle 30 Min. mit der Regionalbahn, www.reiseauskunft.bahn.de

Extras:

Erfrischung im kühlen Nass bietet das Schwimmbad in Bad Feilnbach, Bahnhofstraße 18, 83075 Bad Feilnbach, Tel. 0 80 66/90 65 78, tägl. 9.00–20.00, Erwachsene 3,00 €

Den Wendelstein kann man entweder zu Fuß oder in 30 Min. mit der Zahnradbahn, Fahrzeiten Sommer 9.00–17.00, Winter 9.00–16.00, oder in 6 ½ Min. mit der Seilbahn »erklimmen«, Fahrzeiten Sommer 9.00–17.00, Winter 10.00–16.00. Auf dem 1838 m hohen Gipfel thront eine kleine Kapelle, die dem Viehpatron Wendelin geweiht ist und von der aus man einen atemberaubend schönen Blick auf die Chiemgauer und Berchtesgadener Alpen sowie die Zugspitze genießt. Im Sommer teilt man dieses Erlebnis jedoch leider mit vielen anderen Bergfreunden!

Informationen:

Kur- & Gästeinformation, Bahnhofstraße 5, 83075 Bad Feilnbach, Tel. 0 80 66/14 44, www.bad-feilnbach.de

Verkehrsamt Brannenburg, Rosenheimerstraße 5, 83098 Brannenburg, Tel. 0 80 34/45 15, www.brannenburg.de

Von Wasserburg am Inn nach Urschalling

8 Drei Wege führen zum Ziel
Von Wasserburg nach Halfing

Wasserburg – Altenhohenau – Halfing (E Ü V)

- ca. 24 km
- Diese Route ist leicht hügelig, ist aber auch für nicht so geübte Wanderer ohne Probleme zu schaffen.
- Hier gehen wir auf Nummer sicher: Gleich drei bestens ausgeschilderte Wege führen zum Ziel.

Hier geht's lang

Startpunkt dieser Route ist die Rote Brücke in **Wasserburg**, die uns über den Inn, von der schönen Altstadt auf der Halbinsel weg führt. Der Weg bis **Altenhohenau** wird uns – dank doppelter Ausschilderung – sehr einfach gemacht: Es ist der mit einem grünen Rad auf weißem Hintergrund bestens gekennzeichnete Innradweg, der ab Unterhöhfelden nahe Wasserburg zugleich auch Jakobsweg ist, erkenntlich an der blauen Muschel. Wir biegen gleich nach der Brücke auf den Innradweg/Jakobsweg ein, der in Richtung Rosenheim führt und auf dem wir bis **Altenhohenau** bleiben.

Die Route führt uns an Spielberg und Kerschdorf vorbei bis nach Laiming. Kurz vor Beichten kommen wir zur Staatsstraße, die wir vorsichtig überqueren. Der Abzweig nach links bringt uns dann zum Kloster **Altenhohenau**. Von dort aus führt uns der Weg leicht bergauf in südliche Richtung direkt in das Zentrum von Griesstätt. Wir verlassen den Ort in östliche Richtung, wobei uns jetzt der geteerte Wasserburger Radrundweg und der Jakobsweg die Route zeigen. Wir kommen vorbei an Kettenham und Raming. Zwischen den beiden Dörfern liegt ein kleiner, angenehm warmer Badesee.

Nach Moosham wandern wir durch einen schönen Wald bis kurz vor Röthenbach. Hier biegen wir in südliche Richtung rechts nach Schonstett ab, wobei wir nach wie vor auf dem Wasserburger Radrundweg/Jakobsweg bleiben. Vorbei an einem Waldlehrpfad und wieder einem Badesee kommen wir nach Schonstett, dessen Kirchturm uns schon von Weitem begrüßt. Der Wasserburger Radrundweg/Jakobsweg führt uns Richtung Süden wieder aus dem Ort hinaus. Bei der Überquerung der belebten Ortsumfahrungsstraße müssen wir aufpassen! Über eine Anhöhe gelangen wir zur verkehrsreichen Staatsstraße vor Gunzenham, die wir ebenfalls achtsam überqueren. In Gunzenham halten wir uns links und erreichen über Fahrtbichler, Holz und Holzham unser Ziel, **Halfing**.

Das gibt's zu sehen

Das 1235 gegründete **Kloster Altenhohenau**, ein Kloster der Dominikanerinnen, liegt direkt am Fluss, sieben Kilometer flussaufwärts von Wasserburg entfernt. Keine Geringeren als Matthäus und Ignaz Günther zeigen sich für die prachtvolle Innenausstattung der Klosterkirche verantwortlich, die zu den

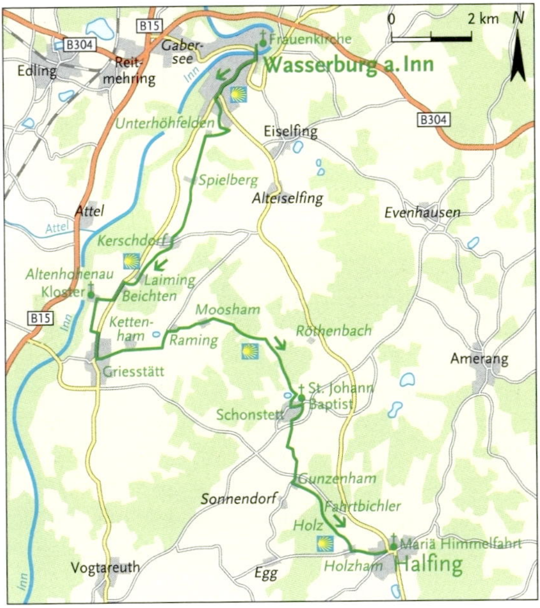

schönsten Rokokokirchen Deutschlands zählt. Heute sind neben dem erwähnten Gotteshaus noch die beiden Getreidekästen, das Wohnhaus des Klosterrichters und das Refektorium des Klosters erhalten.

Früher war Schonstett Sitz einer geschlossenen Hofmark, ehe es im Zuge der Verwaltungsreformen in Bayern 1818 eine selbstständige politische Gemeinde wurde. Da die nette Pfarrkirche St. Johann Baptist auf einem Hügel liegt, kann man sie schon von Weitem sehen. Der markante Zwiebelturm zeigt den für die Region ganz typischen Baustil.

Wenn man die heutige Beschaulichkeit des gemütlichen Dorfes **Halfing** genießt, kann man sich kaum vorstellen, dass zwischen 1550 und 1630 jährlich circa 1000 Rösser mit Salzscheibenfuhrwerken durch den Ort fuhren! Von 1908 bis 1961 hatte der Ort sogar seinen eigenen Zug, den »Halfinger Express«, mit dem übrigens nicht nur Personen, sondern auch Kälber, Schweine und Ochsen befördert wurden. Von den einst vier Brauereien hat nur eine überlebt, nämlich die in Rothmoos. Aber keine Bange – in dieser Region ist noch niemand verdurstet!

So sieht der treue Wegbegleiter aus.

Adressen und Öffnungszeiten:

Frauenkirche, Marienplatz, 83512 Wasserburg, Tel. 0 80 71/9 19 40, tägl. 7.30–18.00, im Sommer länger

Klosterkirche, Altenhohenau 10, 83556 Griesstädt/Altenhohenau, Tel. 0 80 39/9 03 60, tägl. 9.00–17.00, im Sommer 8.30–18.00

St. Johann Baptist, Kirchplatz, 83137 Schonstett, tägl. 8.00–17.00

Mariä Himmelfahrt, Rosenheimer Str.4, 83128 Halfing

Einkehr (E):

Hotel Gasthof Kern, Kirchplatz 5–6, 83128 Halfing, Tel. 0 80 55/87 11, www.hotel-kern.de, Zimmer ab 35,00 € p. P.

Zum Schildhauer, Chiemseestraße 3, 83128 Halfing, Tel. 0 80 55/94 13, www.zum-schildhauer.de (Familienbetrieb)

Übernachtung (Ü):

Fußnerhof, Rundorf 3, 83128 Halfing, Tel. 0 80 55/13 89, www.fussnerhof.de, Ferienwohnungen ab 2 Pers. ab 35,00 € (bewirtschafteter Bauernhof mit vielen Tieren)

Pension Guggenberger, Bahnhofstraße 19, 83128 Halfing, Tel. 0 80 55/90 49 11, ab 15,00 € p. P. (ehem. Bauernhaus)

Stettnerhof, Gehersberg 1, 83128 Halfing, Tel. 0 80 55/6 62, www.stettnerhof.de, ab 30,00 € pro Wohnung/Nacht

Verkehrsanbindung/Rückfahrt (V):

Halfing–Bad Endorf: www-rvo-bus.de, ab Bad Endorf Zugverbindung nach München, www.reiseauskunft.bahn.de

Wasserburg–München: tagsüber meist halbstdl. mit der Regionalbahn, RegionalExpress, www-rvo-bus.de, www.reiseauskunft.bahn.de

Extras:

Der Innradweg mit ca. 500 km ist einer der längsten europäischen Radwanderwege. Er kann problemlos bewältigt werden und ist gut für Familien mit Kindern geeignet. Infos unter: Innradweg Tourismusgemeinschaft Inn-Salzach e. V., Kapellplatz 2a, 84503 Altötting, Tel. 0 86 71/50 62 28, www.inn-salzach.com, www.innregionen.com

Informationen:

Gemeinde Griesstätt, Innstraße 4, 83556 Griesstätt, Tel. 0 80 39/9 05 60, www.griesstaett.de

Verwaltungsgemeinschaft Halfing, Wasserburger Straße 1, 83128 Halfing, Tel. 0 80 55/9 05 30, www.halfing.de

9 Bauernromantik und Badeparadise

Von Halfing nach Urschalling

Halfing (Ü) – Bad Endorf (E Ü) – Urschalling (E V)

- ca. 21 km
- Etwas Kondition sollte man für diese schöne Wanderung schon mitbringen.
- Ländliche Bauernidylle, beeindruckende Ausblicke auf die Alpenkette und der Chiemsee mit seinen unzähligen Wassersportmöglichkeiten erwarten uns.

Hier geht's lang

Die Dorfstraße bei der Kirche in **Halfing** geleitet uns gemütlich südwärts in Richtung **Bad Endorf**. Für eine kurze Strecke benutzen wir den Radweg, gehen über die Bahngleise und müssen die Staatsstraße überqueren – vorsichtig wie immer! Nun geht's bergan auf der Straße nach Gehersberg, dann nach Guntersberg, beides sehr kleine Dörfer. Nachdem wir wieder bergab in südliche Richtung gewandert sind, die Staatsstraße erreicht haben, biegen wir links nach Siegsdorf ab. Wieder rechts geht es ausgeschildert zum Weiler Strass, hinter dessen letztem Gebäude aus der Teerstraße ein Feldweg wird. Bei der Wegkreuzung wählen wir den linken Weg, der uns wieder zur Staatsstraße geleitet. Jetzt müssen wir nur noch den kleinen Berg bezwingen und schon sind wir in Teisenham.

Bad Endorf lautet unser nächstes Zwischenziel, das wir ab Teisenham völlig problemlos Richtung Westen, immer entlang der Straße erreichen. Von der Bad Endorfer Pfarr- und Jakobskirche aus zieht es uns in den Süden. Wir unterqueren die Bahnlinie und wandern auf dem Radweg weiter bis zum Parkplatz. Hier biegen wir zuerst nach links und dann nach rechts ab und kommen nach Antwort. Von dort aus nehmen wir nach dem zweiten Haus den kleinen Weg nach links, um wiederum nach dem zweiten Bauernhof auf eine Teerstraße zu gelangen, die zuerst geradeaus führt und sich dann in einem weiten Bogen bergauf nach rechts wendet. Vor der kommenden Hauptstraße führt unser Weg nach links in östliche Richtung. Wir können es nicht verfehlen, denn die Kirchturmspitze des Gotteshauses von Mauerkirchen zeigt uns unübersehbar unsere Wanderroute. Die Hauptstraße des kleinen Dorfes bringt uns mit je einem schwungvollen Hoch und Tief zu einem Bauernhof, bei dem wir rechts abbiegen. Auf einem Feldweg kommen wir zur Bundesstraße, nach deren Überquerung wir links auf einem Radweg weiterwandern. Über einen kleinen Hügel gelangen wir auf eine geteerte Straße, von der wir links auf einen Radweg einbiegen, der die Bundesstraße nach Rimsting begleitet – zu unserem Glück in gebührendem Abstand!

Kurz vor dem Ort Rimsting, nachdem der Radweg geendet hat, wechseln wir auf die andere Seite der Bundesstraße und zweigen links in den Höhenweg ein. Über die Oberndorfstraße und die Kirchenstraße gelangen wir zum unumstrittenen Mittelpunkt von Rimsting, der Pfarrkirche. Nachdem wir die Staatstraße überquert und die Westernacher Straße in östliche

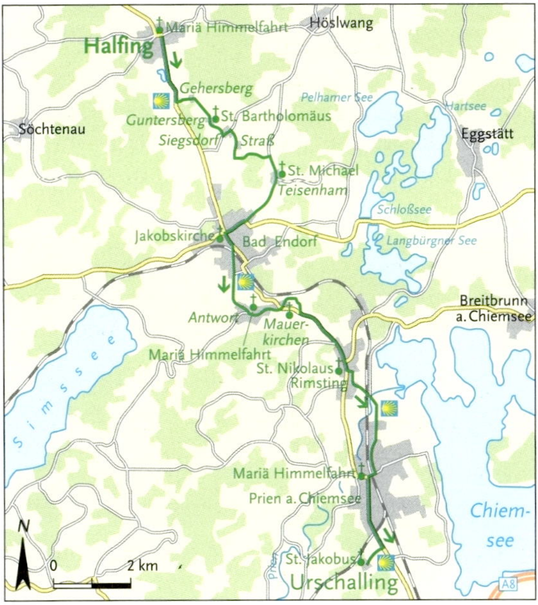

Richtung gewählt haben, entdecken wir am Ende der langen Rechtskurve auf der linken Seite einen Wiesenweg, auf dem wir unsere Strecke etwas abkürzen können. Er führt uns dann wieder auf die Westernacher Straße zur Bahnunterführung, die wir auch benutzen. Auf einem Gehweg an einer befahrenen Straße gelangen wir schließlich nach Prien am Chiemsee. Der Gehweg der Straße nach Bernau und der spätere Radweg bringen uns – sicher vor Autoverkehr geschützt – zum Abzweig nach **Urschalling** und damit zu unserem Routenziel.

Das gibt's zu sehen

Bäuerliches Ambiente, schöne historische Bauernhöfe und sehenswerte Gotteshäuser prägen diesen hübschen Tourenabschnitt. Und natürlich nicht zu vergessen der Chiemsee, wegen seiner Größe auch »Bayerisches Meer« genannt, der uns zu zahlreichen Wasseraktivitäten verführt! Doch ehe wir uns in die erfrischenden Fluten stürzen, sehen wir uns erst einmal die nähere Umgebung an.

Drei Gründe gibt es, warum wir von **Halfing** aus einen Abstecher in das nahe Amerang unternehmen sollten. In dem Erholungsort mitten in einem Naturschutzgebiet können wir im EFA-Museum Automobilgeschichte und die weltweit größte serienmäßig hergestellte Eisenbahnanlage der Spur II live erleben. Das Bauernhausmuseum nimmt uns mit auf eine 400 Jahre dauernde Zeitreise ins bäuerliche Leben der Region und Schloss Amerang lädt uns zu einer empfehlenswerten Besichtigung und abendlichen Sommerkonzerten unter Sternenhimmel ein.

Wer die Wahl hat, hat die Qual – über 20 Badeseen der Eggstätter Seenplatte prägen das Umfeld des heilklimatischen Kurortes und Moorheilbades **Bad Endorf**. Die gotische Kirche in dem »Mini-Dorf« Guntersberg mit ihren wirklich schönen Wandmalereien war früher ein ausgesprochen beliebtes Wallfahrtsziel. Ab Mitte des 12. Jahrhunderts kann man die Existenz des Ortes Teisenham nachweisen, das damals noch »Tisinham« hieß. Aus dieser Zeit stammt auch die erste Kirche des Ortes, auf dessen Resten die heutige Rokokokirche St. Michael erbaut wurde.

Auch **Bad Endorf** kann mit einer imposanten Kirche aufwarten, nämlich der Pfarr- und Jakobskirche, die bereits 924 in den

Urschalling – der »Nabel« der Welt

Urkunden erwähnt wurde. Vor der Kirche steht ein neu gestalteter Brunnen, der einen durstigen Pilger darstellt. 1953 gründete die mit zahlreichen bayerischen Filmtheaterpreisen ausgezeichnete, 1994 verstorbene Maria Stadler in Bad Endorf ein Kino, das sich auch heute noch um beste Filmunterhaltung, Kabarett und Livemusik-Auftritte kümmert – sehens- und hörenswert! Um gute Unterhaltung geht es auch bei der 1790 gegründeten Bad Endorfer Theatergesellschaft. In dem drittältesten Theater Bayerns werden hauptsächlich Stücke biblischen Inhalts gezeigt. Wer nach so viel Kunst und Kultur etwas ausspannen möchte, sollte die abwechslungsreiche Thermenlandschaft der Chiemgau-Thermen besuchen.

In Prien am Chiemsee bestaunen wir in der barocken Pfarrkirche Mariä Himmelfahrt das bombastische Deckengemälde »Seeschlacht von Lepanto« von 1571 von Johann Baptist

Zimmermann, informieren uns im Heimatmuseum über Priener Trachten sowie alte Bauernstuben und entdecken in der Galerie im Alten Rathaus Werke von regionalen Künstlern des 19. und 20. Jahrhunderts. Oder wir lassen unsere Seele im Prienavera baumeln, einem Erlebnisbad am Seeufer, in dem die ganze Familie auf ihre Kosten kommt.

Der üppige Freskenzyklus in der kleinen, idyllisch auf einem Hügel gelegenen St. Jakobus Kirche in **Urschalling** wird zu den wichtigsten sakralen Malereien des Alpenraumes gezählt – auch eine Empfehlung!

Adressen und Öffnungszeiten:

EFA-Museum für Automobilgeschichte, Wasserburger Straße 38, 83123 Amerang, Tel. 0 80 75/81 41, www.efa-automuseum.de, Apr–Okt: Di–So 10.00–18.00

Bauernhausmuseum, Im Hopfgarten 2, 83123 Amerang, Tel. 0 80 75/91 50 90, www.bauernhausmuseum-amerang.de, Mitte März–Mitte Nov: Di–So, Fei 9.00–18.00

Marias Kino, Eisenbartlinger Weg 4, 83039 Bad Endorf, Tel. 0 80 53/93 18, www.marias-kino.de

Theatergesellschaft Bad Endorf, Rosenheimer Straße 6, 83093 Bad Endorf, Tel. 0 80 53/37 43, www.theatergesellschaft-bad-endorf.de

Chiemgau-Thermen, Ströbinger Straße 18, 83093 Bad Endorf, Tel. 0 80 53/20 09 00, www.chiemgau-thermen.de, tägl. 8.00–22.00

Heimatmuseum Prien, Valdagnoplatz 2, 83209 Prien, März–Okt: Mi–Sa 10.00–12.00, 14.00–17.00

Prienavera, Erlebnisbad, Seestraße 120, 83209 Prien, Tel. 0 80 51/60 95 70, www.prienavera.de, Mo–Fr 10.00–21.00, Sa, So 9.00–21.00

Galerie im Alten Rathaus, Alte Rathausstraße 22, 83209 Prien, Tel. 0 80 51/9 29 28, Mi–Fr 14.00–17.00, Sa, So 11.00–13.00, 14.00–17.00

Mariä Himmelfahrt, Rosenheimer Str.4 83128 Halfing

St. Bartholomäus, Haus Nr. 6, 83129 Guntersberg

St. Michael, 83093 Bad Endorf/Teisenham, tägl. 8.00–18.00

Jakobskirche, Kirchplatz 1, 83093 Bad Endorf, Tel. 0 80 53/ 4 08 70, tägl. 9.00–17.00

St. Nikolaus, Höhenweg 4, 83253 Rimsting

Pfarrkirche Mariä Himmelfahrt, Alte Rathausstraße 1a, 83209 Prien, tägl. 8.00–18.00
Jakobskirche, 83209 Prien am Chiemsee/Urschalling, Tel. 0 80 51/10 10

Einkehr (E):

Brauereigasthof Weissbräu, Bahnhofstraße 22, 83093 Bad Endorf, Tel. 0 80 53/95 20, Sa–Mi 11.00–23.00, Do Ruhetag, Fr 17.00–23.00, www.gasthof-weissbraeu.de (mit »echt bayerischem« schattigen Biergarten)
Mesnerstub'n, Urschalling 4, 83209 Prien, Tel. 0 80 51/39 71, Mo–Fr 15.00–1.00, So, Fei 10.00–1.00, Di Ruhetag, www.mesnerstubn.de (Gaststube aus dem 17. Jhd., unbedingt die hausgemachten Fleischpflanzerl probieren, jeden Sonntag frischer Schweinsbraten)
Hotel-Restaurant Zum Fischer, Harrasser Straße 145, 83209 Prien, Tel. 0 80 51/9 07 60, www.fischeramsee.de (schöne Sonnenterrasse mit Seeblick, Kuchen aus eigener Herstellung, leckere Fischgerichte, Zimmer ab 50,00 € p. P.)

Übernachtung (Ü):

Landgasthof-Ferienhotel Zum Schildhauer, Chiemseestraße 3, 83128 Halfing, Tel. 0 80 55/94 13, www.zum-schildhauer.de, Zimmer ab 28,00 € p. P.
Landgasthaus und Hotel Kurferhof, Kurf 1, 83093 Bad Endorf, Tel. 0 80 53/79 90 00, www.kurferhof.de, Zimmer ab 49,00 € p. P. (mit großer Südterrasse und Relax-Oase)
Gasthof Schützenhaus, Au 3, 83209 Prien, Tel. 0 80 51/27 01, Zimmer ab 25,00 € p. P.
Jugendherberge Prien, Carl-Braun-Straße 66, 83209 Prien, Tel. 0 80 51/6 87 70, www.jugendherberge.de, ab 17,50 € p. P.

Verkehrsanbindung/Rückfahrt (V):

Urschalling–Prien: Regionalbahn, www.rvo-bus.de
Prien–München: gute Bahnverbindung, www.bahn.de

Extras:

Wetterunabhängigen Badespaß mit 1800 qm Wasserfläche bieten die Chiemgau-Thermen, Ströbinger Straße 18, 83093 Bad Endorf, www.chiemgau-thermen.de, tägl. 8.00–22.00
Neben einem Chiemseeschiffsausflug mit dem historischen Schaufelraddampfer »Ludwig Feßler« ist die Fahrt mit der Chiemsee-Bahn von 1887/1888 ein Muss! Die 1,9 km lange

Strecke vom Priener Bahnhof bis zur Schiffsanlegestelle in Stock wird mit einer Durchschnittsgeschwindigkeit von stolzen 15 km/h zurückgelegt.

Informationen:

Gemeinde Halfing, Wasserburger Straße 1, 83128 Halfing, Tel. 0 80 55/9 05 30, www.halfing.de

Kurverwaltung, Bahnhofstraße 6, 83093 Bad Endorf, Tel. 0 80 53/30 08 22, www.bad-endorf.de

Kur- und Tourismusbüro Prien, Alte Rathausstraße 11, 83209 Prien, Tel. 0 80 51/6 90 50, www.tourismus.prien.de

Von Bad Reichenhall nach Neubeuern

10 Chiemgauer Kulturlandschaft – bilderbuchreif

Von Bad Reichenhall nach Höglwörth

Bad Reichenhall (E Ü) – Aufham – Höglwörth (V)

- ca. 15 km
- Leichte Wanderung ohne nennenswerte Steigungen, daher auch für weniger Geübte geeignet
- Jede Menge alter und neuer Sehenswürdigkeiten, herrliche Landschaft zwischen Chiemsee und Salzburg und ein barockes Schmuckstück mit schönem Biergarten

Hier geht's lang

Ausgangspunkt dieser Route ist das Kloster St. Zeno in **Bad Reichenhall**. Von dort aus gehen wir durch die Zenostraße in Richtung Münchner Allee, biegen nach einem Parkplatz in diese rechts ab und gelangen dank einer Bahnunterführung links in die Frühlingsstraße. Weiter geht es über die Johann-Häusl-Straße zum ausgeschilderten Radweg an der Saalach, in Richtung Piding–Mauthausen. An dem Stoppverkehrszeichen in Mauthausen biegen wir links in die Staatsstraße und bei der nächsten Rechtskurve links in die Salzstraße ab, die uns zu einem Autohaus bringt, an dem uns der Weg nach links führt. Nun weist die Straße zum Wirtshaus Staufeneck den ausgeschilderten Weg – und zwar rechts den Berg hinauf. Unterhalb der Schlossanlage Staufeneck kommen wir nach einer Kneippanlage zu einem Trimm-dich-Pfad, dem wir folgen. Dann biegen wir nach rechts ab und erreichen auf einem angenehm zu gehenden Weg problemlos Aufham.

Auf der Dorfstraße in **Aufham**, die von der auf einem Hügel liegenden Jakobskirche wegführt, gelangen wir zur Angerstraße, deren Name uns schon die nächste Orientierungshilfe, nämlich den kleinen Ort Anger, verrät. Kurz davor müssen wir noch unter der Autobahn durch, ehe wir auf der Kirchenstraße in Anger ankommen. Von hier aus führt uns der ausgeschilderte Weg immer den Berg hinab nach **Höglwörth**, das malerisch am gleichnamigen See liegt und unser Ziel ist.

Das gibt's zu sehen

Das Sole- und Moorbad **Bad Reichenhall** mit den stärksten Solequellen ganz Europas hat Prinzregent Luitpold sehr viel zu verdanken, denn er verlieh dem Ort den begehrten Titel »Bad«. Nostalgischer Charme empfängt uns bei unserem Bummel durch das Kurviertel – genauer gesagt durch Salzburger, Ludwig, Wittelsbacher und Poststraße –, vorbei am Alten Kurhaus, dem Kurpark und der Spielbank. Wir legen eine kurze Rast am Gradierwerk von 1912 im Kurgarten ein und gönnen unseren Lungen gesunde Atemzüge der salzhaltigen Luft.

Zwei Kirchen verdienen unsere Aufmerksamkeit, die romanische Basilika St. Nikolaus mit Fresken des berühmten Malers Moritz von Schwind und das Gotteshaus St. Zeno des ehemaligen Augustinerklosters mit der filigran geschnitzten Figurengruppe der Marienkrönung von 1520. Im Salzmuseum in der

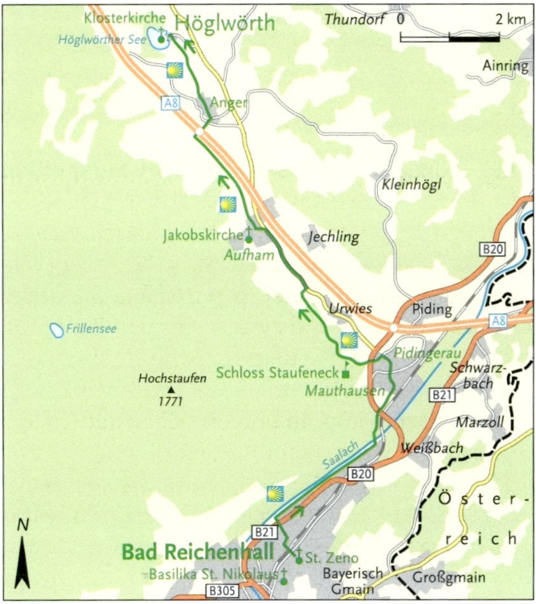

Alten Saline erfahren wir viel über das »Weiße Gold«, das dieser Region einst zu Wohlstand und Reichtum verhalf. Wer eine echte Almhütte besichtigen möchte, sollte das Heimatmuseum nicht verpassen!

In der 1312 erbauten, schon von Weitem sichtbaren romanischen Jakobskirche in **Aufham** begrüßt uns Jakobus diesmal vom Hochaltar aus. Wenn wir nach **Höglwörth** durch die herrliche Landschaft zwischen Chiemsee und Salzburg wandern, bietet es sich an, die barocke Klosterkirche des ehemaligen Augustinerklosters auf der Halbinsel des Höglwörther Sees zu besichtigen oder aber gleich in dem traumhaft schönen Klosterbiergarten eine leckere Brotzeit zu genießen. Das Kloster, einst im Fürstbistum Salzburg das kleinste und ärmste, verwöhnt uns trotzdem mit herrlicher Rokoko-Architektur und präsentiert alle drei Jahre an Karfreitag eine Besonderheit: das Heilige Grab, in der das Leiden Jesu dargestellt wird. 2007 wird das Monument wieder aufgebaut, über 10 000 Gläubige werden erwartet! Am Höglwörther See, der zu den wärmsten Seen in Bayern zählt, lädt uns das Seebad zu einem kurzen Badeurlaub ein.

Beeindruckende Abendstimmung

Adressen und Öffnungszeiten:

Gradierwerk im Kurgarten, 83435 Bad Reichenhall, Apr–Okt: Mo–Fr 8.00–17.00, Sa, So, Fei 9.00–17.00

Salzmuseum, Reichenbachstraße, 83435 Bad Reichenhall, www.salzwelt.de, Mai–Okt: tägl. 10.00–11.30, 14.00–16.00, sonst Di–Fr 14.00–16.00

Heimatmuseum, Getreidegasse 4, 83435 Bad Reichenhall, Mai–Okt: Di–Fr, 1. So im Monat 14.00–18.00

Kurgarten, Apr–Okt 7.00–22.00

Stiftskirche Höglwörth, Führungen auf Anfrage, Tel. 0 86 56/ 98 48 90

Seebad Höglwörth, Tel. 0 86 56/5 98, Mitte Mai–Anfang Sep

Pfarrkirche St. Nikolaus, Anton-Winkler-Str. 10, 83435 Bad Reichenhall, Tel. 0 86 51/6 02 20, tägl. 9.00–17.00

Kirche St. Zeno, Salzburger Straße 32, 83435 Bad Reichenhall, Tel. 0 86 51/71 42 90, tägl. 8.00–17.00, im Sommer länger

Jakobskirche, Kirchenstr. 25, 83454 Anger/Aufham, tägl. 8.00–17.00

Klosterkirche St. Peter und Paul, Höglwörther Straße 25, 83317 Anger/Höglwörth, tägl. 8.00–17.00

Einkehr (E):

Bio-Nichtraucherhotel Hansi am Kurpark, Rinckstraße 3, 83435 Bad Reichenhall, Tel. 0 86 51/9 83 10, www.hotel-hansi.de (vollwert-vegetarische und gutbürgerliche Küche, alle Speisen 100 % bio, alle Diätformen)

Wieninger Schwabenbräu, Salzburger Straße 22, 83435 Bad Reichenhall, Tel. 0 86 51/9 69 50, www.wieninger-schwabenbraeu.de, tägl. 9.00–1.00 (mit gemütlicher Gaststube und schönem Biergarten)

Café und Restaurant Froschkönig, Vachenlueg 50, 83454 Anger, Tel. 0 86 56/98 99 35 (Taverne seit 1459, unbedingt Froschkönigs Knoblauchsuppe probieren)

Altwirt-Schnitzelwirt, Hauptstraße 15, 83454 Aufham, Tel. 0 86 56/2 21, www.schnitzelwirt.de, Di, Mi Ruhetag (Riesenschnitzel, dazu das berühmte Altbayerische Bier)

Klosterwirt Höglwörth, Höglwörtherstr. 25, 83454 Anger, Tel. 0 86 56/2 55, Di Ruhetag

Übernachtung (Ü):

Kurhotel Alpina, Adolf-Schmid-Straße 5/7, 83435 Bad Reichenhall, Tel. 0 86 51/97 50, www.xalpina.de, Zimmer ab

35,00 € p. P. (mit 6 000 qm hauseigenem Park und Bergpanorama-Blick)
Alpenhof Anger, Dorfplatz 15, 83454 Anger, Tel. 0 86 56/98 48 70, www.alpenhof-anger.de, Zimmer ab 35,00 € p. P. (mit schattigem Biergarten)

Verkehrsanbindung/Rückfahrt (V):

Höglwörth–Bad Reichenhall: Bus und Regionalbahn, meist stdl., www.reiseauskunft.bahn.de
Bad Reichenhall–München: Regionalbahn, meist halbstdl., www.reiseauskunft.bahn.de
Bad Reichenhall–Rosenheim: Regionalbahn, tagsüber meist stdl., www.reiseauskunft.bahn.de

Extras:

Livemusik mit regionalen und internationalen Künstlern gibt es regelmäßig im Magazin 4, Alte Saline 12, 83435 Bad Reichenhall, Tel. 0 86 51/96 53 60, www.magazin4.de

Informationen:

Touristik-Information Bad Reichenhall/Bayerisch Gmain, Wittelsbacherstraße 15, 83435 Bad Reichenhall, Tel. 0 86 51/60 60, www.bad-reichenhall.de
Infos für Aufham: Tourist-Info, Dorfplatz 4, 83454 Anger, Tel. 0 86 56/98 89 22, www.anger.de
Infos für Höglwörth: Tourist-Information, Postgasse 14, 83317 Teisendorf, Tel. 0 86 66/2 95, www.teisendorf.de

Die erste Pipeline der Welt

Für die Menschen rings um Bad Reichenhall, die von der Salzgewinnung lebten, war es ein schier unerfüllbarer Traum, das hier gewonnene »Weiße Gold« möglichst schnell und problemlos über die Berge, genauer gesagt über Bad Reichenhall bis in das waldreiche Trauntal transportieren zu können. Für die Lösung dieses Problems musste ein absolut kompetenter Fachmann gewonnen werden. Doch woher nehmen? Hofsekretär Oswald Schuss hatte die rettende Eingebung – und die hieß Hans Reiffenstuel (1548–1620) und entstammte einer alteingesessenen Tegernseer Zimmermannsfamilie. Reiffenstuel war zwar schon 70 Jahre alt, genoss aber einen ausgezeichneten Ruf als Brunnenwart und versorgte immerhin eine große Stadt wie München mit Trinkwasser! Auch sein Sohn Simon (1574–1620), der sich mit neusten Techniken bei Kolbendruckpumpen auskannte, galt als Spezialist. Vater und Sohn tüftelten an einem kühnen Plan, nämlich dem Bau der ersten Pipeline der Welt, einer Soleleitung, die von Bad Reichenhall bis nach Traunstein reichen sollte – für damalige Verhältnisse eine gigantische Pionierleistung! Ausgeklügelte Technologie kam zum Einsatz, um die Sole mit sieben Pumpen 50 Meter zu heben und sie dadurch ins Trauntal zu leiten. Und in der Tat, das gewagte Unterfangen klappte! Rund 60 Jahre später kopierte Frankreich die grandiose technische Idee, um im Versailler Schlosspark die Brunnenwasserspiele aus der 165 Meter tiefer liegenden Seine zu speisen. Ehre, wem Ehre gebührt: Vater und Sohn Reiffenstuehl gingen als diejenigen in die Geschichte ein, denen es gelang, den jahrhundertealten Traum, Sole bergauf zu leiten, zu realisieren.

11 Das »weiße Gold« zeigt den Weg
Von Höglwörth nach Traunstein

Höglwörth – Teisendorf (E) – Traunstein (E Ü V)

- ca. 22 km
- Ein bisschen Wandererfahrung und Ausdauer sollte man für diese Strecke schon mitbringen.
- Interessant und ausgesprochen abwechslungsreich gestaltet sich diese Route durch schöne Natur und die sehenswerte, für diese Region typische Architektur.

Hier geht's lang

Wir starten am Höglwörther See, der sich auch für ein erfrischendes Bad anbietet. Von dort gehen wir zur Hauptstraße in **Höglwörth** im Rupertiwinkel und treffen auf den bestens ausgeschilderten Radweg, den bis weit über **Traunstein** hinausreichende Salinenradweg, der uns sicher von unserem Startpunkt zum Endziel bringt. Die Wegweiser des Salinenwegs sind wie folgt beschriftet: »SALZ – SALINENWEG«, blaue Großbuchstaben auf weißem Hintergrund mit grünen Richtungspfeilen. Wir müssen bei dieser Route nicht besonders aufpassen, denn jede Menge Hinweisschilder verhindern, dass wir uns verlaufen.

Über den kleinen Weiler Egltreu kommen wir durch ein Tal nach Ramsau, wobei sich in der ersten Hälfte des Wegs der Wald mehr rechts, später dann mehr links von uns erstreckt. Kurz vor Teisendorf kreuzt sich unser Weg mit der Staatsstraße, die wir einfach hinter uns lassen, uns unbeirrt geradeaus halten und auf der Hauptstraße in **Teisendorf** ankommen. Diese geleitet uns auch aus dem Ort hinaus und ab dem Kreisverkehr treffen wir wieder auf unseren alten Bekannten, den gut ausgeschilderten Salinenradweg.

Von Hochmoos bis Obermoos werden wir an der ziemlich belebten Staatsstraße entlanggeführt, dort folgen wir dem Radweg nach rechts und kommen durch schöne Moorlandschaften. Vorbei am Kirchsteig wandern wir kurze Zeit später ein Stück parallel zur Bahnlinie – aber in gebührendem Abstand. Wir kommen rechts am Abzweig zu dem kleinen Dorf Rückstetten vorbei, den wir aber ignorieren und einfach auf unserer Route geradeaus, immer in westlicher Richtung bleiben. Weiter führt uns der Weg etwas bergauf über Lacken zwischen Groß- und Kleinrückstetten hindurch. Am Tal vorbei nähern wir uns dem etwas größeren Ort Lauter, in dem wir gleich am Anfang die Bahngleise kreuzen. Hinter dem Ortsausgang begleitet uns die Bahnstrecke nun bis zu unserem Zielort, immer zu unserer Linken.

Über Hufschlag und Ettendorf gelangen wir nach **Traunstein**, wobei wir am Ortsende von Ettendorf die Bahngleise unterqueren. Eine Brücke führt uns trockenen Fußes über die Traun. Dabei können wir die schöne Aussicht auf die historischen Häuserfronten der Altstadt hoch oben auf dem Hügel genießen. Der weiße, viereckige Jacklturm mit seinem leuchtend roten Dach an der linken Häuserseite dient uns als Orientierung.

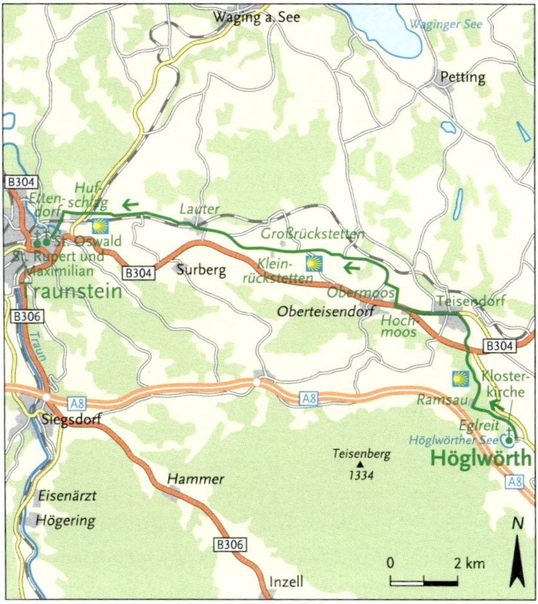

Stolz und prächtig – der Traunsteiner Maibaum

Nun müssen wir nur noch die ziemlich steile Einbahnstraße auf den Berg zum Turm hochschnaufen und schon sind wir in Traunsteins »Guter Stube«, dem großzügig gestalteten Stadtplatz. Und damit auch am Ende unserer schönen Tour!

Das gibt's zu sehen

Nachdem wir gemütlich durch die historische Marktstraße des schmucken Erholungsortes **Teisenberg** gebummelt sind, informieren wir uns noch im interessanten Bergbaumuseum Achthal über den Erzbergbau rings um den 1334 Meter hohen Teisenberg, der einst größter Arbeitgeber der Region war.

Bereits die Kelten ließen sich in **Traunstein** nachweislich nieder, kein Wunder bei der exponierten wie herrlichen Lage! Wer im Mittelalter das Glück hatte, mit seiner Stadt an der Goldenen Salzstraße zu liegen, die damals von Reichenhall nach München führte, konnte eigentlich nicht mehr viel falsch machen. **Traunstein** kam während dieser Zeit zu Ruhm, Reichtum und Ansehen – die prächtigen historischen Bürgerhäuser mit ihren bunten Fronten beweisen es eindrucksvoll. Die Saline im heutigen Stadtteil Au schloss erst 1912 ihre Pforten. Übrigens: Papst Benedikt XVI. und der Schriftsteller Thomas Bernhard verbrachten ihre Kindheit in der Stadt. Wir dagegen verbringen hier einfach einen entspannten Tag, indem wir durch die historische Altstadt mit ihren kleinen Gässchen, netten Läden und Cafés zum schön gestalteten Stadtplatz mit seiner barocken Pfarrkirche St. Oswald schlendern. Der Lindlbrunnen auf dem Platz, Wahrzeichen der Stadt, stammt aus dem Jahr 1526 und wurde aus Rotmarmor gefertigt. Nicht nur wegen der entzückenden Spielzeugsammlung, sondern auch wegen der stilgerechten Unterbringung, nämlich in einer ehemaligen Zieglerwirtschaft im mittelalterlichen Stadtturm, verdient das Heimathaus, ein Museum zur Stadtgeschichte, unsere Aufmerksamkeit. Die Schaumburger Straße ist auch einen Besuch wert, denn hier kann man historische Häuser aus der Zeit vor 1851, also vor dem verheerenden Stadtbrand, bewundern. Auch die Scheibengasse mit ihren dreigeschossigen Handwerkerhäuser aus dem 17. und 18. Jahrhundert lohnt, besichtigt zu werden. Wer den Geheimnissen des Bierbrauens auf den Grund gehen möchte, sollte das Hofbräuhaus besuchen. Interessant wirkt die gelungene gotisch-barocke Mischung der Salinenkirche St. Rupert und Maximilian im Stadtteil Au.

Adressen und Öffnungszeiten:

Bergbaumuseum Achthal, Teisendorfer Straße 63, 83317 Teisendorf, Tel. 0 86 66/71 49, Mai–Sep: Di, Do 13.30–15.00, So 10.00–12.00

Hofbräuhaus, Hofgasse 6, 83278 Traunstein, Tel. 0 86 19/ 88 66 42, Führungen Mo–Mi 11.00

Heimathaus, Stadtplatz 2, 83278 Traunstein, Führungen Apr–Okt, Advent: Mo–Sa 10.00–15.00, So 10.00–16.00

Klosterkirche St. Peter und Paul, Höglwörther Str. 25, 83317 Anger/Höglwörth, tägl. 8.00–17.00

Pfarrkirche St. Oswald, Maxplatz 8, 83278 Traunstein, tägl. 7.30–18.00

Salinen-Kapelle St. Rupert und Maximilian, Karl-Theodor-Platz 1, 83278 Traunstein, tägl. 8.00–17.00

Einkehr (E):

Brauereigasthof Alte Post, Marktstraße 9, 83317 Teisendorf, Tel. 0 86 66/92 91 71, www.braugasthof.com (bayerische Küche mit eigener Hausschlachterei)

Schnitzlbaumer, Taubenmarkt 11a–13, 83278 Traunstein, Tel. 08 61/98 66 50, www.schnitzlbaumer.de (eigenes Bier)

Sailer Keller, Herzog-Wilhelm-Straße 1, 83278 Traunstein, Tel. 08 61/1 66 67 70, www.sailerkeller.de (Gasthaus mit ausgezeichneter bayerischer Küche, Zimmer ab 52,00 €)

Übernachtung (Ü):

Alpengasthof Hochberg, Hochberg 6, 83278 Traunstein, Tel. 08 61/42 02, www.alpengasthof-hochberg.de, Zimmer ab 26,00 € p. P. (sehr ruhig gelegen, gemütlicher Biergarten)

Hotel Rosenheimer Hof, Rosenheimer Straße 58, 83278 Traunstein, Tel. 08 61/98 69 50, Zimmer ab 53,00 € p. P.

Jugendherberge Traunstein, Trauner Straße 22, 83278 Traunstein, Tel. 08 61/47 42, www.djh.de/jugendherbergen/traunstein, ab 11,70 € p. P.

Verkehrsanbindung/Rückfahrt (V):

Traunstein–Höglwörth: Bus und Regionalbahn, mehere Verbindungen tägl. www.reiseauskunft.bahn.de

Traunstein–München: Bahn, www.reiseauskunft.bahn.de

Extras:

Wer es sich einrichten kann, sollte am Ostermontag zum alljährlich stattfindenden farbenprächtigen Georgiritt in Traunstein sein. Sehenswert!

Egal welches Wetter gerade ist, im Erlebnis-Warmbad mit Riesenrutsche hat die ganze Familie Spaß! Siegsdorfer Straße, 83278 Traunstein, Erwachsene 2,70 €

Informationen:

Tourist-Information, Postgasse 14, 83317 Teisendorf, Tel. 0 86 66/2 95, www.teisendorf.de

Tourist-Information Siegsdorf, Rathausplatz 2, 83313 Siegsdorf, Tel. 0 86 62/49 87 45, www.siegsdorf.de

Tourist-Information Traunstein, Kulturzentrum im Stadtpark, Haywards-Heath-Weg 1, 83278 Traunstein, Tel. 08 61/9 86 95 23, www.traunstein.de, www.traunstein-erleben.de

Vom dunklen Bergbau zur sonnigen Urlaubsregion Von Traunstein nach Bergen

12

Traunstein – Siegsdorf – Bernhaupten (Ü) – Bergen (E Ü V)

- ca. 19 km
- Da es sehr viel zu sehen gibt, eignet sich diese einfach zu erwandernde Route besonders gut für Familien mit Kindern. Abwechslung und gute Unterhaltung garantiert!
- Schmucke Orte, interessante Museen und schöne Naturschutzgebiete warten darauf, entdeckt zu werden.

Hier geht's lang

Der Hauptplatz in **Traunstein** beim schön restaurierten Jacklturm ist ein passender Ausgangspunkt für unsere neue Tour, auf die wir uns hier in einem der zahlreichen Cafés einstimmen können und nun frisch gestärkt den Platz Richtung Westen verlassen. Über den Maxplatz steigen wir die Apothekerstiege herunter und gelangen zum Karl-Theodor-Platz. Nach rechts zweigt die Salinenstraße ab, über die wir, den Triftweg benutzend, zur Traun gelangen.

Wir bleiben nun bis **Siegsdorf** auf dem Traunradweg – auf der Dammkrone und gegen die Fließrichtung des Flusses. Im Ort überqueren wir auf der Staatsstraße die Traun und biegen in die Thannhäuserstraße ab. Vorerst heißt unsere Richtung Reuten/Osterham, nach wenigen hundert Metern biegen wir jedoch nach links ab und wählen die Thalhamer Straße, die uns etwas bergauf wieder zur Staatsstraße bringt. Ein Radweg führt uns dann direkt nach **Bernhaupten**. Von hier aus wird uns die Streckenführung auch wieder leicht gemacht, denn wir bleiben einfach auf dem Radweg bei der Staatsstraße und erreichen problemlos **Bergen**.

Das gibt's zu sehen

Weil der Weg von **Traunstein** nach **Siegsdorf** derart unkompliziert ist, schaffen wir ihn schnell und es bleibt noch etwas Zeit, **Siegsdorf** anzusehen! Der Luftkurort befindet sich im Tal der Weißen Traun, genau dort, wo die Rote Traun mit der Weißen Traun zusammenfließt. Im spannenden Südostbayerischen Naturkunde- und Mammut-Museum kommen wir mit echten Meerwasser-Bewohnern auf Tuchfühlung und schauen uns respektvoll die über 40 000 Jahre alten Mammut-Skelettknochen an, die in Siegsdorf gefunden wurden. Hier hat der Haifisch nicht nur Zähne, sondern man kann auch in sein Inneres steigen!

In der Pfarrkirche Mariä Empfängnis aus dem Jahr 1779, ein frühklassizistischer Bau, erleben wir das größte Gemälde in ganz Deutschland, das sich einen Brand zum Thema gemacht hat. Es ist der Brand von Traunstein im Jahr 1704.

Bilderbuchreif präsentiert sich die kleine Jakobskirche in **Bernhaupten**, die aus dem 12. Jahrhundert stammt. Allerdings durften hier nie eigene Gottesdienste abgehalten werden, mit einer einzigen Ausnahme, nämlich am Jakobstag.

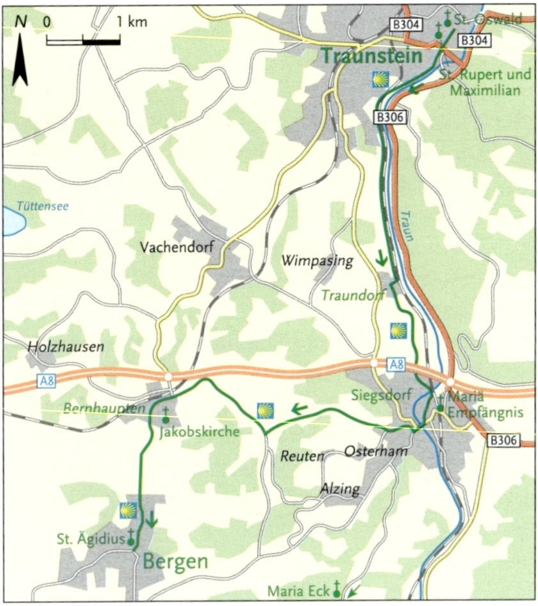

Zeugin vergangener Zeiten: die Traunsteiner Salinenkirche

Wer in der Region um **Bergen** seinen Urlaub verbringt, schätzt vor allem die Stille der Natur, bodenständige Gemütlichkeit und bayerisches Brauchtum. Einmalig schöne Naturerlebnisse stehen hier im Mittelpunkt, wie beispielsweise der interessante Rundwanderweg durch das sehenswerte Naturschutzgebiet, das sich hier ausbreitet, die Schilf- und Riedlandschaft Bergener Moos. Doch bei aller Natur – natürlich gibt es hier auch viel anzuschauen! Der Luftkur- und Wintersportort **Bergen** liegt am Fuß des 1664 Meter hohen Hochfelln! Er erlebte vom 16. bis 18. Jahrhundert dank profitablem Erzabbau seine Blütezeit, wie wir, anschaulich präsentiert, im Museum Maxhütte erfahren, das im »Ensemble Maxhütte«, bestehend aus historischen Wohn- und Werksanlagen, zu finden ist. Hier wurde übrigens noch bis 1931 Erz abgebaut! Auch das große Kreuz und die gusseisernen Grabplatten an der Friedhofsmauer der Pfarrkirche St. Ägidius von 1863 stammen noch aus dieser »eisernen« Vergangenheit.

Die traumhaft schön gelegene, schon von Weitem gut sichtbare Wallfahrtskirche Maria Eck aus dem Jahr 1640, die es sich auf einem Berg nordöstlich vom Hochfelln gemütlich gemacht hat, ist unbedingt einen Besuch wert, denn sie ist das berühmteste Wallfahrtsziel des Chiemgaus. Wie viele andere Gotteshäuser sollte auch dieses Kleinod im Zuge der Säkularisierung dem Erdboden gleich gemacht werden, mit der Begründung, die Straße dorthin reiche nicht aus. Bei den Bauern regte sich starker Widerstand und in sage und schreibe nur zwölf Tagen bauten sie von **Siegsdorf** aus eine neue. Die Kirche konnte stehen bleiben. Wie schön für uns heute!

Adressen und Öffnungszeiten:

Südostbayerisches Naturkunde- und Mammut-Museum, Auenstraße 2, 83313 Siegsdorf, Tel. 0 86 62/1 33 16, www.museum-siegsdorf.de, Apr–Okt: Di–So 10.00–18.00, sonst Mi 10.00–17.00, Sa, So 13.00–17.00

Museum Maxhüttte, Maxhüttenstraße 10, 83346 Bergen, Tel. 0 86 62/83 21, Mai–Okt: Di–So 10.00–16.00

Hochfelln-Seilbahn, Tel. 0 86 62/85 11, www.hochfellnseilbahn.de

Pfarrkirche St. Oswald, Maxplatz 8, 83278 Traunstein, tägl. 7.30–18.00

Salinen-Kapelle St. Rupert und Maximilian, Karl-Theodor-Platz 1, 83278 Traunstein, tägl. 8.00–17.00

Pfarrkirche Mariä Empfängnis, Kardinal-von-Faulhaber-Platz 1, 83313 Siegsdorf, 7.30–18.00, im Sommer länger

St. Ägidius, Bahnhofstraße 7, 83346 Bergen/Bernhaupten, Tel. 0 86 62/82 95, tägl. 8.00–17.00

Wallfahrtskirche Maria-Eck-Str. 7, Maria Eck, 83313 Siegsdorf, Tel. 0 86 62/82 96, tägl. 8.00–18.00

Einkehr (E):

Hotel Gaststätte Hofwirt, Marktplatz 5, 83115 Neubeuern, Tel. 0 80 35/23 40, www.hotel-hofwirt.de (hausgemachte Kuchen probieren)

Hotel Restaurant Emer-Hof, Bernhauptener Straße 8, 83346 Bergen, Tel. 0 86 62/83 51, www.bergen.de/emerhof (exquisite bayerische Küche)

Mühlwinkler-Stüberl, Maria-Eck-Straße 5, 83346 Bergen, Tel. 0 86 62/88 86 (mit Biergarten und bayerischer Küche)

Übernachtung (Ü):

Hotel Sonnenbichl, Zur Sonnleiten 8, 83346 Bergen-Bernhaupten, Tel. 0 86 62/84 59, www.hotel-sonnenbichl.de, Zimmer ab 33,00 € p. P. (mit Wellnessbereich)

Gästehaus Rodler, Hainzbergstraße 6, 83346 Bergen-Bernhaupten, Tel. 0 86 62/86 72, Zimmer ab 13,50 p. P. (einfache Pension mit herrlichem Bergblick)

Hotel Gästehaus Berghof, Oed 1, 83346 Bergen, Tel. 0 86 62/48 69 70, www.berghof-bergen.de, Zimmer ab 21,00 € p. P. (mit preisgünstigen Kinderpauschalen)
Campingplatz Wagnerhof, Campingstraße 11, 83346 Bergen, Tel. 0 86 62/85 57, www.camping-bergen.de, Zelt/Auto ab 7,00 € p. Nacht

Verkehrsanbindung/Rückfahrt (V):

Bergen–Traunstein: Bus und Regionalbahn, tagsüber alle 30 Min., www.reiseauskunft.bahn.de
Traunstein–München: Regionalbahn, tagsüber stdl., www.reiseauskunft.bahn.de
Traunstein–Rosenheim: Regionalbahn, tagsüber alle 30 Min., www.reiseauskunft.bahn.de

Extras:

Ein Ausflug auf den 1674 m hohen Hochfelln mit seinem geologisch-botanischen Gipfellehrpfad und zahlreichen Wanderwegen lohnt sich auch wegen des traumhaft schönen Panoramablicks und kann entweder zu Fuß oder mit der Seilbahn unternommen werden, Tel. 0 86 62/85 11, www.hochfellnseilbahn.de, im Sommer 9.00–17.00. Das eiserne Gipfelkreuz stammt übrigens aus der Maximilianshütte in Bergen.
Jodeln ist nicht ganz so einfach, wie man vielleicht glaubt. Deshalb gibt es für alle angereisten »Nordlichter«, aber auch für unwissende Bayern in Bergen Jodelkurse, die in diese Kunst einweihen und bei denen man sogar ein Jodeldiplom erhält! Nähere Auskunft bei der Tourist-Information Bergen.
Im Mammutheum zwischen Siegsdorf und Bergen kann man eine Reise in die Steinzeit unternehmen und zwischen lebensgroßen Mammuts spazieren gehen. Ein Spaß für die ganze Familie! Dr.-Liegl-Straße 35, www.mammutheum.de, Ostern bis Okt: Di–So, Fei 10.00–17.00

Informationen:

Tourist-Information Traunstein, Kulturzentrum im Stadtpark, Haywards-Heath-Weg 1, 83278 Traunstein, Tel. 08 61/ 9 86 95 23, www.traunstein.de, www.traunstein-erleben.de
Tourist-Information, Raiffeisenplatz 4, 83346 Bergen, Tel. 0 86 62/83 21, www.bergen-chiemgau.de

Der 45 000 Jahre alte Rudi

Rudi hat nicht nur erstaunlich viele Jahre auf dem Buckel, sondern kann auch mit seinen beträchtlichen Körpermaßen protzen! Denn wer kann schon von sich behaupten, 45 000 Jahre alt und sechs Meter lang zu sein sowie eine Schulterhöhe von 3,60 Metern zu haben! Rudi, das Wahrzeichen von Siegsdorf, kann es! Er ist eine dermoplastische Rekonstruktion eines Mammuts. Sein Name leitet sich nach seinem Fundort Rudhart bei Siegsdorf ab.

Mit strengem Blick bewacht Rudi seit 1995 den Eingang des Siegsdorfer Naturkunde- und Mammut-Museums, in dem man durch 250 Millionen Jahre Erdgeschichte spazieren kann. Gefunden wurde Rudi 1975 von einem Schüler, der aber erst 1986 die Öffentlichkeit über die sensationelle Entdeckung informierte. Daraufhin rückten Paläontologen aus aller Welt an und gruben 90 Prozent des Mammut-Skeletts aus. Bei dieser Gelegenheit fanden sie auch noch das Skelett einer Großkatze und anderer Eiszeit-Tiere.

Die weltberühmten Originalknochen des Mammuts, die immerhin fast zwei Tonnen wiegen, sind sozusagen das Filetstück des Museums. Ferner kann man in den höhlenartigen Räumen der Geologie-Abteilung die unterschiedlichen Gesteine der Region »be-greifen« und lernt, das Alter von Gesteinen zu bestimmen. Spannend wird es auch in der Bärenhöhle mit jeder Menge Fledermäuse und vielen Tropfsteinen. Ein unterhaltsamer Ausflug für die ganze Familie!

Durch Moorlandschaft zum »Bayerischen Meer« 13

Von Bergen nach Urschalling

Bergen – Westernbuchberg – Bernau (E Ü) – Urschalling (E Ü V)

- ca. 21 km
- Wanderung mit Steigungen, die eher für etwas trainiertere Wanderer geeignet ist
- Herrliche Moore, beeindruckende Panorama-Ausblicke und Chiemseer Badefreuden

Hier geht's lang

In **Bergen** geleitet uns, vorbei am Ortsende, die Weißachener Straße bis nach Pletschach. Hier, an der kleinen Lourdeskapelle, wählen wir den Radweg, der rechts abzweigt, und kommen nach Bayern. Ein markierter Weg mit Steigung führt uns auf den fast 600 Meter hohen Osterbuchberg. Nachdem wir dank einer Brücke die Tiroler Ache überquert haben, heißt unser nächstes Ziel Almau. Im Ort überqueren wir vorsichtig die stark befahrene Staatsstraße, um dann etwas später den Abzweig nach Gröben zu wählen. Wir wandern durch den Ort hindurch. Die Staatsstraße bringt uns zu unserem nächsten Ziel, dem **Westernbuchberg**. Von hier aus führt uns der Achentalweg schnurgerade zum Torfbahnhof nahe Bernau.

Nun geht's in westlicher Richtung an den Bahngleisen entlang, bis wir auf eine Straße kommen, die uns zum Bahnhof in **Bernau** führt. Dank einer Unterführung gelangen wir auf die andere Seite der Bahngleise, die uns bis kurz vor Prien am Chiemsee begleiten. Nachdem wir bei der zweiten Bahnunterführung die Straßenseite gewechselt haben, treffen wir auf den Radweg an der Staatsstraße, die nach Prien führt. So weit wollen wir jedoch nicht, sondern biegen beim Abzweig nach links ab. Die gut sichtbare Jakobskirche in **Urschalling** weist uns den Weg.

Das gibt's zu sehen

In der herrlichen naturgeschützten Moorlandschaft, durch die wir wandern, erleben wir jede Menge an neuen, unvergesslich schönen Impressionen. Wir entdecken seltene Flora und Fauna und erfreuen uns an der landschaftlichen Harmonie, die immer wieder vom Anblick der imposanten Chiemgauer Bergkette und dem mächtigen Kaisergebirge perfekt ergänzt wird. Mit einem besonders lohnenden Panoramablick werden wir nach dem Anstieg auf den 600 Meter hohen **Westernbuchberg** belohnt, einem lang gezogenen Bergrücken, der aus einer eiszeitlichen Moräne entstanden ist.

Im bayerischen Moor- und Torfmuseum am Naturschutzgebiet Kendlmühlfilzen Rottau nahe Bernau lernen wir viel über die Nieder- und Hochmoore kennen und statten der Moorleiche Rosalinde, einer vor circa 900 Jahren verstorbenen jungen Frau, einen Besuch ab.

Die üppig gestalteten romanisch-gotischen Wandmalereien in der auf einer Anhöhe gelegenen St.-Jakobus-Kirche in **Urschalling** sollte man sich unbedingt anzuschauen! Der Freskenzyklus zählt zu den bedeutendsten Kirchenmalereien des Alpenraums.

Einmal schon in der Gegend lohnt sich natürlich auch der Besuch in Prien, dem properen Kneippkurort direkt am Chiemsee. Von hier aus können wir mit dem Dampfer nach Herrenchiemsee, der größten Insel im Chiemsee, fahren und dort das berühmte Schloss besuchen, das »neue Versailles«, wie sein Erbauer König Ludwig II. es nannte. Wer sich näher für den Märchenkönig interessiert, schaut sich auch das König-Ludwig-II.-Museum im Neuen Schloss an.

Oder wir gehen auf der Insel Frauenchiemsee von Bord des Dampfers. Sie wartet mit ihrer dreischiffigen Säulenbasilika des Marienmünsters und einem kleinen Friedhof auf, auf dem verschiedene Künstler begraben wurden. Wer sich für historische Bauernstuben oder für die echte Priener Tracht interessiert, der ist im Priener Heimatmuseum richtig aufgehoben. Nicht nur bei schlechtem Wetter lädt das Erlebnisbad Prienavera am Seeufer die ganze Familie zu abwechslungsreichem Badespaß ein.

Der Chiemsee ist bayerisches Segelparadies.

Adressen und Öffnungszeiten:

Bayerisches Moor- und Torfmuseum am Naturschutzgebiet Kendlmühlfilzen Rottau nahe Bernau, geführte Besichtigungen mit Feldbahnfahrt, www.torfbahnhof-rottau.de, Mai–Okt: Sa 14.00 und 15.30

König-Ludwig-II.-Museum im Neuen Schloss, Herrenchiemsee, www.herren-chiemsee.de, Apr–Sep: tägl. 9.00–18.00, sonst tägl. 9.40–16.15

Prienavera, Erlebnisbad, Seestraße 120, 83209 Prien, www.prienavera.de, Mo–Fr 10.00–21.00, Sa, So 9.00–21.00

Heimatmuseum Prien, Valdagnoplatz 2, 83209 Prien, März–Okt: Mi–Sa 10.00–12.00, 14.00–17.00

St. Ägidius, Bahnhofstraße 7, 83346 Bergen/Bernhaupten, tägl. 8.00–17.00

Jakobskirche, 83209 Prien am Chiemsee/Urschalling, Tel. 0 80 51/10 10

Einkehr (E):

Gasthof Hinterwirt, Dorfstraße 35, 83236 Übersee, Tel. 0 86 42/2 28, www.hinterwirt.de, Mo Ruhetag (eigene Metzgerei)

Gasthof Alter Wirt, Kirchplatz 9, 83233 Bernau, Tel. 0 80 51/ 9 65 69 90, www.alter-wirt-bernau.de (unter Denkmalschutz stehender, über 700 Jahre alter Gasthof, eigene Schlachtung)

Badehaus, Rathausstraße 11, 83233 Bernau, Tel. 0 80 51/ 97 03 00, www.badehaus-chiemsee.de (gute Auswahl an Essen und Trinken, außergewöhnliche Architektur, Sonntagsbrunch, direkt am Chiemsee mit großer Sonnenterrasse)

Hotel-Restaurant Zum Fischer am See, Harrasser Straße 145, 83209 Prien, Tel. 0 80 51/9 07 60, www.fischeramsee.de (leckere hausgeräucherte Chiemseefische, Fahrradverleih)

Übernachtung (Ü):

Hotel-Pension Chiemsee, Kampenwandstraße 26, 83233 Bernau, Tel. 0 80 51/9 87 50, www.hotel-pension-chiemsee.de, Zimmer ab 25,00 € p. P. (fahrradfreundlicher Hotelbetrieb mit herrlichem Bergblick)

Hotel Bonnschlößl, Kirchplatz 9, 83233 Bernau, Tel. 0 80 51/ 9 65 69 90, www.alter-wirt-bernau.de (mit herrlichem Park und Sauna)

Pension Martlschuster, Aschauer Straße 23, 83233 Bernau,

Tel. 0 80 51/86 38, www.martlschuster.de, Zimmer ab 29,00 € p. P. (mit Liegewiese und Fahrradgarage)

Verkehrsanbindung/Rückfahrt (V):

Urschalling–Bergen: Regionalbahn, tagsüber meist stdl., www.reiseauskunft.bahn.de
Urschalling–Prien: Regionalbahn, www.reiseauskunft.bahn.de
Prien–München: Bahn, www.reiseauskunft.bahn.de

Extras:

Großglockner, Großvenediger, Wilder Kaiser, Chiemsee, Berchtesgadener Alpen – alles auf einmal im Blick? Das ist möglich, und zwar auf der 1669 m hohen Kampenwand. Bequem von Aschau aus mit der Bergbahn zu erreichen, Tel. 0 80 52/9 06 44 20 und 0 80 52/44 11, www.kampenwand.de, Mai–Nov: tägl. 9.00–17.00, 1. Jul–11. Sept: bis 18.00, Dez–Apr: tägl. 9.00–16.30, Aufstieg in ca. 2 Std. zu Fuß möglich

Informationen:

Touristik-Information Übersee, Feldwieser Straße 27, 83236 Übersee, Tel. 0 86 42/2 95, www.uebersee.com
Tourist-Information Bernau, Aschauer Straße 10, 83233 Bernau, Tel. 0 80 51/9 86 80, www.bernau-am-chiemsee.de
Priener Tourismus GmbH, Kur- und Tourismusbüro, Alte Rathausstraße 11, 83209 Prien, Tel. 0 80 51/6 90 50, www.tourismus.prien.de

»Ein ewig Rätsel will ich bleiben!«

Dieser ganz persönliche Wunsch Ludwigs II. ist in Erfüllung gegangen, denn es gibt wohl keine Person in Bayern, die ein derartig großer Mythos umgibt, wie den in München geborenen berühmten König. Auf Schloss Nymphenburg erblickte er am 25. August 1845 das Licht der Welt, die ihm später so fremd werden sollte. »Märchenkönig« wird er auch genannt: Wenn man seine Schlösser, zum Beispiel das Neue Schloss Herrenchiemsee, eine Kopie von Versailles, durchstreift, kann man nachvollziehen, in welchen Traumwelten der Herrscher lebte – verstehen wird man es sicherlich nicht.

»Ich bin überhaupt viel zu früh König geworden«, stellte der Regent, der im zarten Alter von 18 Jahren den Thron bestieg, später resigniert fest. Vielleicht wäre das Leben des menschenscheuen, einsamen, realitätsfremden Schöngeists glücklicher verlaufen, wenn ihm das Regieren und die Politik erspart worden wären. Die Realität, eine konstitutionelle Monarchie mit unzähligen strengen Rechten und Pflichten, ertrug er nur, weil er sich eine andere, eine eigene Welt aufbaute. Seine große Liebe galt nicht etwa den Frauen, sondern der Musik von Richard Wagner. Beeinflusst durch diese gewaltigen Klänge sah sich Ludwig immer mehr in der Rolle des Gralskönigs, einer Figur aus dem letzten Werk des Komponisten. Seit etwa 1875 machte Ludwig die Nacht mehr und mehr zum Tag und kümmerte sich immer weniger um politische Geschäfte. Weiter und weiter glitt der strenggläubige Monarch in seine Traumwelt ab, bis er schließlich den Weg zurück in die Realität nicht mehr fand. Ein Zustand, der natürlich für einen Herrscher nicht tragbar war!

Der Bau von Herrenchiemsee brach dem Träumer schließlich das Genick. Diese Großbaustelle hatte die Staatskasse so strapaziert, dass das Projekt schließlich gestoppt werden musste. 1886 erklärte die Regierung den König für unmündig und setzte ihn ab – ein Prozedere, das in der Bayerischen Verfassung eigentlich nicht vorgesehen war.

Ludwig II. wurde auf Schloss Berg am Starnberger See interniert. Bereits einen Tag später, am 13. Juni 1886, kam er zusammen mit seinem Psychiater, der übrigens das Attest für die Unmündigkeit ausgestellt hatte, unter bis heute nicht geklärten Umständen im See ums Leben. Was wohl der bayerische »Kini« sagen würde, wenn er wüsste, dass seit seinem Tod über 50 Millionen Menschen die Königsschlösser besuchten? Seine heiligen Traumwelten, die eigentlich nie ein Fremder betreten sollte! Auch das wird ewiges Rätsel bleiben. Vielleicht ist es ja genau das Rätselhafte, das den Mythos von Ludwig II. derart lebendig erhält – übrigens nicht nur in Bayern!

Verträumte Weiler und Höhlenbären

14

Von Urschalling nach Neubeuern

Urschalling – Umrathshausen – Frasdorf – Rohrdorf – Neubeuern (E V Ü)

- ca. 23 km
- Etwas bergauf und bergab führt der Weg, der aber trotzdem keine größeren Anforderungen an die Wanderer stellt.
- Schöne Naturerlebnisse kombiniert mit sehenswerten Kunsteindrücken

Hier geht's lang

Wir starten auf der Hauptstraße in **Urschalling**, die uns in südliche Richtung durch einen kleinen Wald nach Hittenkirchen bringt. Dann wandern wir auf den Hügel neben der Staatsstraße, vorbei an dem beschaulichen Weiler Herodsöd nach **Umrathshausen**.
Im **Umrathshausen** angekommen biegen wir in die Kalkofenstraße nahe der Wallfahrtskirche ein und wählen dann bei der Kreuzung den ausgeschilderten Weg nach Leitenberg. Nach dem Ort geht es bergab und wir erreichen schon etwas später die Prien. Wir folgen dem Weg entlang der Straße nach **Frasdorf**. Gleich am Ortsanfang von **Frasdorf** unterqueren wir die Salzburger Autobahn und wandern auf der Hauptstraße, die ungefähr parallel zur Autobahn verläuft, durch den Ort. Die Trasse einer ehemaligen Bahnlinie zeigt uns den Weg bis nach **Rohrdorf** an.

Immer wieder nähern wir uns der Autobahn, wie zum Beispiel kurz vor Achenmühle zwischen den Weilern Thal und Daxa und bei Wolfspoint. Danach begleitet uns die Rohrdorfer Ache ein Stück. Wir kommen an einer Kläranlage vorbei und gelangen kurze Zeit später auf die Hauptstraße in **Rohr-**

dorf. Kurz vor dem Hotel Post biegen wir nach rechts ab, gehen links in die Preysingstraße und dann gleich wieder rechts in die Falkensteinstraße. Wir bleiben auf dieser, wandern am Waldrand entlang und erreichen über Pinswang am Fuß des über 500 Meter hohen Kirchbergs den kleinen Ort Altenbeuern.

Von dort aus ist es nur noch ein Klacks, bis wir auf dem gut ausgeschilderten Radweg das nahe **Neubeuern** am Inn erreichen.

Das gibt's zu sehen

In **Umrathshausen**, das bereits um das Jahr 1135 historisch zum ersten Mal erwähnt wurde und ein Ortsteil von **Frasdorf** ist, schauen wir uns die Wallfahrtskirche Hl. Blut an, die ihre Funktion als Wallfahrtsort jedoch verloren hat.
Besonderer Blickfang ist die »Hepfinger Krippe«, die von Weihnachten bis Lichtmess vor dem linken Seitenaltar aufgestellt wird. In und um die Krippe tummeln sich 90 Figuren und 86 Tiere. Als Modelle für die geschnitzten Gesichter dienten übrigens Einheimische.

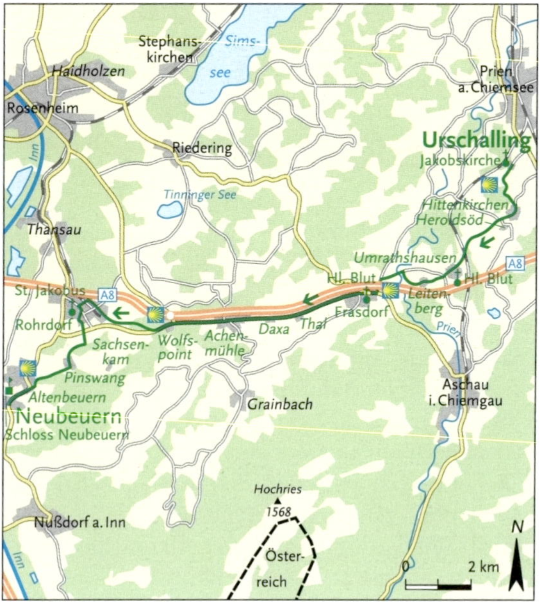

Pfarrkirche Rohrdorf, Jakobus dem Alteren geweiht

Die spätgotische Kirche in **Rohrdorf** im Inntal ist Jakobus dem Älteren geweiht. Im Inneren des Gotteshauses bewundern wir auf dem Hauptaltar eine Figur, die im 15. Jahrhundert entstand und Jakob den Älteren darstellt. Sie stammt vermutlich vom berühmten »Meister von Rabenden«.

In Sachsenkam, einem anderen Ortsteil von **Frasdorf**, erwartet uns beim »Dick-Bauern« eine weitere regionale Besonderheit, die es sich anzuschauen lohnt: ein Getreidekasten aus dem 17. Jahrhundert.

Das Höhlenmuseum in Frasdorf entführt uns in die unterirdische Welt des Karstgebietes »Laubenstein« zwischen Inn- und Priental. Wir lernen verschiedene Karstformen kennen, erfahren viel über die Fauna von Höhlen und können in einer »echten« Höhle den rund 11 000 Jahre alten Schädel eines Braunbären bewundern.

Eine wahre Rarität können wir, wenn wir Lust haben, im Achentaler Heimathaus in **Rohrdorf** bestaunen, das in einem denkmalgeschützten, fast 300 Jahre alten Bauernhaus stilvoll untergebracht ist. Neben mehreren Originalmöbeln, alten Einrichtungs- und Arbeitsgeräten sowie einem alten, betriebsbereiten Sägewerk lernen wir die 37-bändige Holzbibliothek kennen, eine sehr seltene Sammlung verschiedener Holzarten in Buchform.

Das denkmalgeschützte Dörfchen **Neubeuern** nahe dem Samerberg, das sein heutiges, übrigens ausgesprochen schmuckes barockes Aussehen den Plänen Gabriels von Seidl aus dem Jahr 1893 verdankt, ist malerisch am Inn gelegen. Oben auf dem Felsen, wo vor langer Zeit einmal eine Burg stand, schaut heute ein prächtiges Schloss auf **Neubeuern** hinunter, in dem jetzt ein Internat untergebracht ist. Die kleine, reich verzierte Rokokokapelle des Schlosses kann sich sogar mit Werken des berühmten Johann Baptist Zimmermann brüsten. Im Schifffahrtsmuseum erfahren wir dank mehrerer anschaulicher Exponate und Erklärungen vieles über das Schiffergewerbe.

Adressen und Öffnungszeiten:

»Hepfinger Krippe« in Umrathshausen, Besichtigung von Weihnachten bis Anfang Feb: tägl. bis 17.00

Bäuerliches Museum im Achentaler Heimathaus, Hinter dem Rathaus, 83101 Rohrdorf, Tel. 0 80 32/53 37, Mai–Nov: jeden Sa 14.00–17.00

Höhlenmuseum Frasdorf, Schulstraße 7, im alten Schulhaus, 83112 Frasdorf, Tel. 0 80 52/17 96 25, Jul, Aug: jeweils So 16.00–18.00, in der übrigen Zeit an jedem letzten So im Monat 16.00–18.00

Schifffahrtsmuseum, Marktplatz 4, 83115 Neubeuern, Anmeldung unter Tel. 0 80 35/21 65

Jakobskirche, 83209 Prien am Chiemsee/Urschalling, Tel. 0 80 51/10 10

Wallfahrtskirche Hl. Blut, Kirchstraße, 83112 Frasdorf/Umrathshausen, tägl. 8.00–18.00

St. Jakobus, St. Jakobus-Platz 1, 83101 Rohrdorf, Tel. 0 80 32/52 52, tägl. 7.30–17.00

Einkehr (E):

Trattoria Marsala, Rosenheimer Straße 6, 83064 Raubling, Tel. 0 80 35/64 50, www.trattoria-marsala.de (Mittagsmenü für 4,00 €)

Hotel Café Restaurant Burgdacherl, Marktplatz 23, 83115 Neubeuern, Tel. 0 80 35/24 56, www.burgdacherl.de (von der Dachterrasse aus herrlicher Blick auf die Dächer der Stadt)

Landgasthof Neiderhell, Steinbrucker Straße 4, 83064 Kleinholzhausen, Tel. 0 80 34/18 94, www.neiderhell.de (Spezialität »Essen vom heißen Stein« probieren)

Übernachtung (Ü):

Hotel Christl, Anzengruberstraße 10, 83101 Rohrdorf, Tel. 0 80 32/9 56 50, www.hotel-christl.de, Zimmer ab 46,00 € p. P.

Hotel Zur Post, Dorfplatz 14, 83101 Rohrdorf, Tel. 0 80 32/18 30, www.post-rohrdorf.de, Zimmer ab 36,00 € p. P. (mit Fahrradverleih)

Café Pension Inntalhof, Kirchdorfer Straße 29, 83064 Großholzhausen, Tel. 0 80 34/30 99 47, ab 18.00 € p. P. (mit Fahrradverleih, teilweise Etagentoilette)

Hotel Gasthof Hofwirt, Marktplatz 5, 83115 Neubeuern, Tel. 0 80 35/23 40, www.hotel-hofwirt.de, Zimmer ab 60,00 € p. P. (inkl. Frühstück und Abendmenü)

Verkehrsanbindung/Rückfahrt (V):

Neubeuern–Urschalling: alle 90 Min. mit Bus und Bahn, www.reiseauskunft.bahn.de

Neubeuern–Rosenheim: Linienbus Nr. 9490 oder 9493, www.rvo-bus.de

Rosenheim–München: Zugverbindung, www.reiseauskunft.bahn.de

Extras:

Urzeitliche Geschichte wird in dem Urweltmuseum Neiderhell in Kleinholzhausen mit mehr als 2 000 Mineralien und Fossilien anschaulich und interessant erzählt, Steinbrucker Straße 4, 83064 Kleinholzhausen, Tel. 0 80 34/18 94, Mo, Di, Do, Fr 10.00–14.00, Sa, So, Fei 11.00–15.00, Mi Ruhetag

Informationen:

Tourist-Information Frasdorf, Schulstraße 7, 83112 Frasdorf, Tel. 0 80 52/17 96 25

Fremdenverkehrsverein Neubeuern am Inn, Marktplatz 4, 83115 Neubeuern, Tel. 0 80 35/21 65, 8.30–13.30, www.neubeuern.de

Von Weyarn nach Polling

15 Klöster, Kirchen und kleine Kapellen

Von Weyarn nach Reutberg

Weyarn (E Ü) – Gotzing – Sachsenkam (E Ü) – Kloster Reutberg (V)

- ca. 22 km
- Auch weniger geübte Wanderer kommen trotz leichter Steigungen mit dieser Route gut zurecht.
- Eine Augenweide für Freunde barocker Bauwerke und sakraler Kunst

Hier geht's lang

Wir starten am Kloster in **Weyarn** und verlassen den Gebäudekomplex auf der Klosterstraße Richtung Norden. Nachdem wir zur Staatsstraße gelangt sind, bringt uns diese talabwärts zur Mangfallüberquerung. Am anderen Ufer stoßen wir auf einen Radweg, der uns am bewaldeten Ufer der Leitzach entlang wieder bis zur Staatsstraße geleitet. Wir überqueren die Bahngleise und wandern bergauf nach **Gotzing**. Dort zweigen wir nach rechts auf eine kleine ruhige Straße in Richtung Oberwarngau ab. Mal geht es bergauf, mal geht es bergab, mal wandern wir über Wiesen, mal durch den Wald, bis wir unsere nächste Station, nämlich den kleinen Ort Reitham schon sehen können. Wir müssen nur noch die Staatsstraße überqueren und schon sind wir dort angekommen. Am Weiher biegen wir zuerst nach links und dann gleich wieder nach rechts ab. Der Weg führt erneut bergab durch Wiesen, bis wir eine Tankstelle erreichen, bei der wir die Staatsstraße nach Warngau überqueren. Dann wandern wir durch ein Wäldchen und kommen zu einer stark befahrenen Straße, von der aus wir nach rechts abbiegen. Ein ausgeschilderter, leicht ansteigender Feld- und Wiesenweg führt uns nach Piesenkam. Ab hier wandern wir entlang der Staatsstraße und biegen etwas später bei dem Schild »Gewerbegebiet Sachsenkam« nach rechts ab. Nachdem wir die Bundesstraße unterquert haben, kommen wir direkt nach **Sachsenkam** hinein.

Von hier aus ist es ein Katzensprung zum **Kloster Reutberg**: Wir wandern nach Westen, gehen an der Feuerwehr und dem Sportplatz vorbei und erklimmen nur noch den Hügel, auf dem – weithin sichtbar – das **Kloster Reutberg** steht.

Das gibt's zu sehen

Gemessen an der Größe des 1133 als Augustiner-Chorherrenstift gegründeten Klosters in **Weyarn**, das wir uns natürlich nicht entgehen lassen wollen, ist das angrenzende Jakobuskirchlein verschwindend klein. In der ehemaligen Burgkapelle sehen wir eine Rarität, nämlich einen gemalten Jakobus, also keine Figur. Das Bild zeigt ihn in der Vision vor der Madonna del Pilar. Im 18. Jahrhundert genoss das Kloster wegen seiner Priesterausbildung und der umfangreichen Bibliothek einen ausgezeichneten Ruf.

Während wir durch die leicht hügelige Landschaft mit Panoramablick wandern, freuen wir uns schon auf eine weitere Jakobuskapelle. Malerisch in der lieblichen Landschaft über der Mangfall steht die kleine Kirche St. Jakobus d. Ältere, nahe **Gotzing**, eine einstige Siedlungskirche aus dem 11. Jahrhundert,

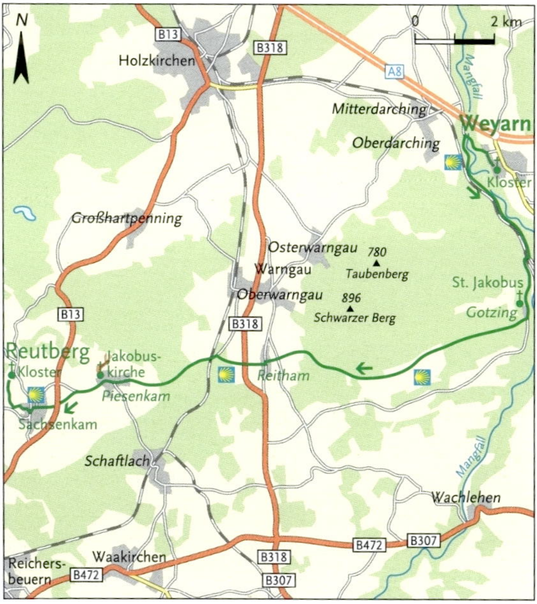

wobei die heutigen Mauern aus dem 15. Jahrhundert stammen. Die unverputzten Außenwände, das unscheinbare Zwiebeltürmchen und das mit einfachen Holzschindeln gedeckte Dach verraten noch nichts vom 1761 barockisierten Inneren des Gotteshauses mit schönen Stuckarbeiten und Deckengemälden, die sich hauptsächlich dem Thema Jakobus widmen – seiner Berufung, der Enthauptung und seiner Fürbitte beim erhängten Jüngling, auch »Galgenwunder« genannt. Ein liebevolles Detail am Marienaltar ist das blonde Echthaar der Marienstatue. Übrigens ist die Kapelle meist verschlossen, den Schlüssel erhält man gleich im ersten Haus in **Gotzing**.

Weiter führt der Weg durch eine für das Auge ausgesprochen gefällige Wiesenlandschaft, die uns mit ihren kunterbunt blühenden Naturschönheiten besonders im späten Frühjahr und frühen Sommer erfreut. Wir erreichen das kleine Dorf Piesenkam, das auf eine lange Geschichte zurückblicken kann. Diese beginnt bereits im 8. Jahrhundert mit der Besiedlung, eine Kirche durfte damals natürlich auch nicht fehlen. Im 10. Jahrhundert expandierte die Kirche derart, dass sich 30 Prozent der Bauernhöfe in kirchlicher Hand befanden. Die Jakobuskirche, die wir jetzt sehen, stammt aus dem 14. Jahrhundert. Im 17. Jahrhundert erhielt das Innere des Gotteshauses, in dem wir gleich viermal auf die Darstellung von Jakobus stoßen, seinen barocken Schliff.

Blick vom Biergarten am Kloster Reutberg

Das 1606 gegründete und von Franziskanerinnen geleitete **Kloster Reutberg** mit seinem roten Dach zieht zahlreiche Besucher aus ganz unterschiedlichen Gründen an. Die einen kommen, um Maria im Gnadenbild von Loreto zu verehren, einige unternehmen eine Wallfahrt zum Grab der heiligmäßigen Schwester M. Fidelis Weiß, die in diesen Klostermauern lebte. Andere wiederum interessiert vor allem der Biergarten des Kloster-Stüberls und sie frönen dem klostereigenen süffigen Bier.

Einkehr (E):

Gasthof Gotzinger-Trommel, Gotzing, 83629 Weyarn, Tel. 0 80 20/17 28, www.gotzinger-trommel.de (Traditionswirtschaft aus dem 17. Jhd., schöner Biergarten)

Gasthof Zum Neuwirt, Tölzer Straße 1, 83679 Sachsenkam, Tel. 0 80 21/55 06, www.neuwirt-sachsenkam.de, Mo Ruhetag (bayerische Spezialitäten, Reutberger Bier)

Kloster-Bräustüberl Reutberg, Am Reutberg 2, 83679 Sachsenkam, Tel. 0 80 21/86 86, www.reutberg.com (Biergarten mit traumhaft schönem Alpenblick, eigene Brauerei)

Jakobskapelle, Kapellenweg, 83629 Weyarn, tägl. 9.00–17.00

St. Jakobus, Gotzing, 83629 Weyarn

Jakobskirche, 83666 Waakirchen/Piesenkam, tägl. 9.00–17.00

Klosterkirche, Am Reutberg, 83679 Sachsenkam/Reutberg, tägl. 7.30–18.00

Übernachtung (Ü):

Zimmervermittlung Frau Hiber, Holzkirchner Straße 25, 83679 Sachsenkam, Tel. 0 80 21/76 08

Gasthof Altwirt, Tölzer Straße 12, 83679 Sachsenkam, Tel. 0 80 21/2 48, www.gasthof-altwirt.de, Zimmer ab 22,00 €, Restaurant Frei Ruhetag

Verkehrsanbindung/Rückfahrt (V):

Reutberg–Weyarn: Bus, tagsüber mehrere Verbindungen, www.reiseauskunft.bahn.de

Informationen:

Gemeindeverwaltung Weyarn, Ignaz-Günther-Straße 5, 83629 Weyarn, Tel. 0 80 20/1 88 70

Gemeinde Warngau, Taubenbergstraße 33, 83627 Warngau, www.warngau.de

Gemeinde Waakirchen, Tegernseer Straße 7, 83666 Waakirchen, Tel. 0 80 21/9 02 80, www.waakirchen.de

16 Prächtige Klöster – so weit das Auge reicht

Von Reutberg nach Beuerberg

Kloser Reutberg – Dietramszell (E Ü) – Geretsried (E) – Beuerberg (V)

- ca. 27 km
- Einige leichte Steigungen, daher dürfte etwas Wandererfahrung nicht schaden.
- Geschützte Moorlandschaft und bayerische Klosterkultur – alles zusammen ergibt dies eine wunderbare Route.

Hier geht's lang

Startpunkt der Route ist die Klosterkirche des **Kloster**s in **Reutberg**. Wir lassen das Gotteshaus hinter uns, nehmen die Straße, die uns bergab bis zum Parkplatz führt, und wandern von hier aus durch die Winkelfilzen, eine geschützte schöne Moorlandschaft, in westliche Richtung.

Nahe Stubenbach führt uns der Weg nach links über eine Bachbrücke, bevor wir auf den ausgeschilderten Weg nach **Dietramszell** treffen. Bei der ersten Kreuzung biegen wir rechts ab und wandern leicht bergauf. Bei der Kurve lassen wir uns nicht von dem ersten Abzweig verführen, sondern halten uns an den Hauptweg, der auf dem Hügel rechts in den Wald abgeht. Zwei Hügel des Zellwaldes, vorbei am nahen Schwarzensee, erklimmen wir mit diesem Waldweg, bis wir an der Armen-Seele-Säule vorbeikommen. Nun geht es wieder den Berg herunter und wir biegen an der nächsten Querstraße links ab. Wir wandern bis zur kommenden Kreuzung, an der wir uns nach rechts wenden, um schließlich zur Wallfahrtskirche Maria Elend zu gelangen, die schön an einem Berghang liegt. Nun führt uns der Weg geradeaus zu dem schon sichtbaren Kloster in **Dietramszell**. Wir verlassen den Ort auf der Hauptstraße.

Immer bergab kommen wir in Leismühl am Zeller Bach zu einer Abzweigung, die links in das Dorf Bairawies führt. Wir biegen jedoch in Leismühl nach rechts ab und nehmen die kleine Straße in nördliche Richtung nach Manhartshofen.

Leicht bergauf geht es durch einen lichten Wald, bis wir wieder bergab in das Örtchen Stockach kommen. Auf der Tattenkofer Brücke überschreiten wir die Isar und wählen gleich danach den linken Abzweig Richtung Geretsried. Hier stoßen wir auf einen Radweg, auf dem wir oben auf dem Damm radeln können und der uns dann nach rechts in die Schönlindenstraße direkt nach **Geretsried** führt. Die Maria-Hilf-Kirche dient uns zur Orientierung, von hier aus gelangen wir durch die Johann-Sebastian-Bach-Straße und den Park am Robert-Schumann-Weg zu einem Autowendeplatz, an dessen linkem Ende wir unseren Radweg entdecken.

Immer gen Süden heißt nun unser Motto, das uns durch einen Wald, über die Richard-Wagner-Straße und am Ortsrand von Stein entlangführt. Nachdem wir die Staatsstraße unterquert haben, biegen wir gleich zum Erholungsgebiet am Bibisee ab. Vorbei am meist gut besuchten Campingplatz müssen wir einfach nur auf die Ausschilderung »Beuerberg« achten.

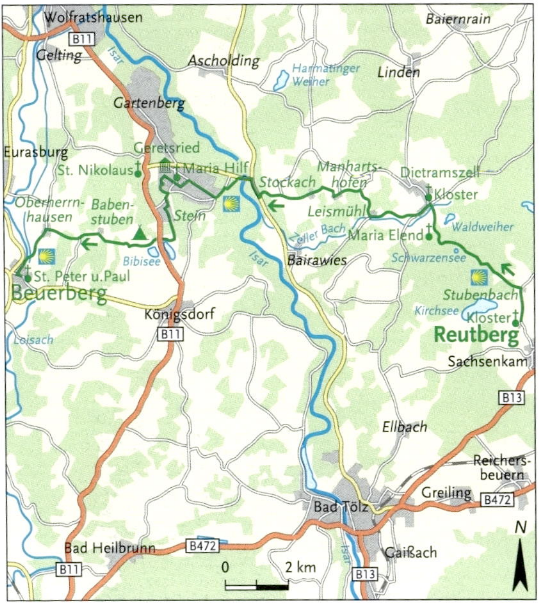

Barocke Pracht – die Beuerberger Marienkirche

Am Bauernhof in Babenstuben, zu dem uns ein Radweg mal über Wiesen, mal durch einen lichten Wald gebracht hat, biegen wir nach links ab und gelangen zuerst bergab, dann wieder bergauf zu einer Kreuzung, an der wir die Straße nach Oberherrenhaus aussuchen, also die Straße geradeaus. Im letzten Wegabschnitt können wir es einfach laufen lassen, denn der Weg bringt uns in das schöne Tal der Loisach, direkt nach **Beuerberg**. Wir müssen nur noch die Loisach über einer Brücke überqueren und schon haben wir unser Ziel erreicht.

Das gibt's zu sehen

Die leicht hügelige Landschaft, die wir bei dieser Tour durchqueren und bei der sich Wälder, Felder und Wiesen in schönem Rhythmus abwechseln, ist richtiges Labsal für die Augen, genauso wie das prächtige Kloster von **Dietramszell**, vermutlich um 1100 gegründet, eine eigenständige »Filiale« des Tegernsee-Klosters, das heute von dem Orden der Salesianerinnen bewirtschaftet wird. Einen Teil der Anlage können wir im Rahmen einer einstündigen Führung kennen lernen, die uns unter anderem das ehemalige Musikzimmer der Gründerväter, der Augustiner-Chorherren, die alte und neue Propstei und das Fürstenzimmer zeigt.

Das Geretsrieder Heimatmuseum in den oberen Räumen des Rathauses stellt Trachten, landwirtschaftliche Geräte, Blasinstrumente, Wandbehänge, Geschirr wie die bekannte Bunzlauer Ware und historisches Bergmannsgerät der Heimatvertriebenen aus Schlesien, Siebenbürgen sowie Ungarn aus. Wir unternehmen einen kleinen Abstecher in den Westen von **Geretsried** zur Nikolaus Kapelle, dem ältesten Gebäude der Stadt, und stellen uns vor, wie hier auf der einstigen Postroute, der heutigen Bundesstraße von München nach Bad Tölz, im Mittelalter Reisende, Briefe und allerhand Waren von München über Innsbruck und den Brenner bis nach Italien kutschiert wurden.

Auf dieser Tour werden wir mit prächtigen Klöstern nur so verwöhnt, denn in **Beuerberg** stoßen wir auf das dritte, das 1120 gegründete ehemalige Augustiner-Chorherrenstift. Nachdem die alte Klosterkirche eingestürzt war, baute man 1629 ganz in frühbarocker Architektur ein neues, schöneres und größeres Gotteshaus, die heutige Stiftskirche St. Peter und Paul. Gleich daneben schauen wir uns noch die ehemalige Pfarrkirche, die Marienkirche an, die 1642–43 von einem Murnauer Baumeister errichtet wurde und von 1778 bis 1791 ihre Rokoko-Ausstattung erhielt. Seit 1803 dient sie als Friedhofkirche für **Beuerberg** und Herrnhausen – Grund genug für uns, auch den Friedhof mit seinen alten Gräbern zu besuchen. Für Kinder bietet Beuerberg im Winter noch ein ganz besonders Schmankerl, nämlich einen Skilift mit eigener Skischule. Auch im Märchenwald, einem kleinen Europapark im nahen Wolfratshausen, spielen die Jüngsten die Hauptrolle. In diesem Mini-Disneyland können sie über 20 Märchen erleben, mit der Achterbahn fahren und lustige Spiele machen.

Adressen und Öffnungszeiten:

Kloster der Salesianerinnen, Klosterplatz 1, 83623 Dietramszell, Tel. 0 80 27/8 01, www.kloster-dietramszell.de, Besichtigung auf Anfrage

Heimatmuseum, Karl-Lederer-Platz 1, 82538 Geretsried, Tel. 0 81 71/64 92 37, So 10.00–12.00, werktags nach Vereinbarung

Skischule, Blombergstraße 13, 82547 Beuerberg, Tel. 0 81 79/57 05, www.skischule-beuerberg.de

Märchenwald im Isartal, Kräuterstraße 39, 82515 Wolfratshausen/Farchet, Tel. 0 81 71/1 87 60, www.maerchenwald-isartal.de

Nikolaus-Kapelle, Bundesstraße 11, 82538 Geretsried, Schlüssel im Geier-Gasthof gegenüber
Stiftskirche St. Peter und Paul, Klosterstraße 6, 82549 Beuerberg, Tel. 0 81 79/3 89, tägl. 7.30–18.00, im Sommer länger
Marienkirche, Herrnleitenweg, 82547 Beuerberg, tägl. 7.30–18.00, im Sommer länger

Einkehr (E):

Gasthaus Baiernrain, Lehrer-Vogl-Weg 1, 83623 Baiernrain/Dietramszell, Tel. 0 80 27/91 93, www.gasthaus-baiernrain.de
Klosterschänke, Klosterplatz 2, 83623 Dietramszell, Tel. 0 80 27/90 45 00, www.klosterschaenke-dietramszell.de
Gasthaus Die Post, Hauptstraße 31, 82549 Königsdorf, Tel. 0 81 79/50 90 (Biergarten, hauseigene Metzgerei)

Übernachtung (Ü):

Gasthaus Andrä, Steingauer Straße 16, 83623 Dietramszell, Tel. 0 80 27/6 92, Zimmerpreis auf Anfrage
Landgasthof Liegl, Tölzer Straße 22, 83623 Dietramszell, Tel. 0 80 27/2 02, Zimmerpreis auf Anfrage (bekannt durch TV-Serie »Rosenheim Cops« als Gasthof Rosenbräu)
Landgasthof Zum alten Wirth, Buchberger Straße 4, 82538 Geretsried, Tel. 0 81 71/71 94, Zimmer ab 45,00 € p. P. (mit Sauna und Solarium)

Verkehrsanbindung/Rückfahrt (V):

Beuerberg–Reutberg: Bus, tagsüber mehrere Verbindungen
Beuerberg–Wolfratshausen: Bus, www.rvo-bus.de, dann S 7 bis München Hauptbahnhof, www.mvv-muenchen.de

Extras:

Wer ein Geschenk der ganz besonderen Art sucht, wird im Kloster der Salesianerinnen fündig. Die Schwestern stellen aus Golddraht, Spitze und Bienenwachs nach alten Mustern so genannte Fatschenkindl, eine Darstellung des Jesuskindes, eingewickelt in ein Wickelkissen (eingefatscht) her .

Informationen:

Gemeinde Dietramszell, Am Richteranger 10, 83623 Dietramszell, Tel. 0 80 27/9 05 80, www.dietramszell.de
Stadt Geretsried, Karl-Lederer-Platz 1, 82538 Geretsried, Tel. 0 81 71/6 29 80, www.geretsried.de
Gemeinde Eurasburg, Beuerberger Straße 10, 82547 Eurasburg, Tel. 0 81 79/94 76 16, www.eurasburg.de

Unterwegs zur »Badewanne« der Münchner

Von Beuerberg nach Bernried

Beuerberg (Ü) – Seeshaupt (E Ü) – Seeseiten – Bernried (E Ü V)

- ca. 18 km
- Einfache kürzere Wanderung, die auch für Familien mit Kindern geeignet ist und bei der man am Ziel mit einem erfrischenden Bad im Starnberger See belohnt wird.
- Die Kleinen zieht es mehr zum Baden in den Starnberger See, die Großen ins »Museum der Phantasie«.

Hier geht's lang

Wir verlassen Kloster **Beuerberg** bergab auf der Königsdorfer Straße, zweigen nach rechts in die Alpenblickstraße ab und gelangen zur Staatsstraße. Dann geht es rechts weiter, aber nur bis zur nächsten Kreuzung, denn hier halten wir uns links, Richtung Penzberg. Der Weg führt uns vorbei an den Dörfern Putzleben, Maierwald, Märzanderl und Hohenleiten links hinauf nach Faistenberg. An der Straßenkreuzung im Ort zweigen wir erst nach links, dann nach rechts ab. St. Heinrich heißt unsere neue Orientierungshilfe. Nach dem Ort kreuzen wir die Garmischer Autobahn und gelangen durch einen Wald, ein Stück entlang des Märzenbachs durch leicht hügelige Landschaft bis zur Staatsstraße, die wir überqueren. Immer in Richtung Starnberger See!

Am See angekommen wandern wir zunächst auf der Straße, um dann, etwas nach dem Ortsanfang von **Seeshaupt**, den rechten Bürgersteig neben der Hauptstraße zu wählen. Auf der linken Seite sehen wir im Ortskern eine große Hotelanlage, wir bleiben jedoch auf der Hauptstraße, die genau da eine leichte

Rechtskurve macht. Vorbei an der kleinen Marina mit Ferienwohnungen und Hotel rechter Hand gelangen wir zum Ortsausgang. Jetzt müssen wir einfach nur auf dem Weg in Richtung Norden bleiben, der nach **Seeshaupt** eine Rechtskurve einschlägt und uns mit schönen Ausblicken auf den See nach **Seeseiten** geleitet. Das Schlussstück führt uns noch durch den ausgesprochen schön angelegten und gepflegten Bernrieder Park – und schon sind wir in **Bernried** angelangt.

Das gibt's zu sehen

Der über 1 000 Jahre alte Erholungsort **Seeshaupt**, zweitgrößter Ort am Starnberger See, schmiegt sich direkt an den See und strahlt viel Ruhe aus. Kurz vor dem Ort nutzen wir die Gelegenheit zu einem erfrischenden Bad in der »Badewanne« der Landeshauptstadt, so wie das sicherlich auch der berühmte Münchner Arzt Max von Pettenkofer gemacht hat, der **Seeshaupt** zu seinem Altersruhesitz auserkor. Beim Lido können wir einen Kaffee trinken und die schöne Aussicht auf den See mit seinen vielen Segelbooten genießen. Wer Zeit hat, kann dem Naturschutzgebiet Osterseen einen Besuch abstatten. Diese traumhaft schöne, geologisch interessante Hochmoorlandschaft im Süden von **Seeshaupt** präsentiert über 20 Seen und Weiher – es lohnt sich! Seglerherzen schlagen höher, wenn sie die vielen kleinen und größeren Segelboote in der netten Marina an der Hauptstraße im Ortszentrum besuchen!

In der schmucken Kapelle von **Seeseiten** treffen wir wieder auf einen alten Bekannten – den heiligen Jakobus.

Die Entscheidung ist gefallen! Beim Bundeswettbewerb »Unser Dorf soll schöner werden«, einem urbanem Schönheitswettbewerb, wurde 2006 das direkt am Starnberger See liegende **Bernried** ausgezeichnet. Absolut zu Recht, wie wir – falls es die Zeit erlaubt – bei unserem Spaziergang durch den Ort feststellen. Der Weg führt vorbei am ehemaligen Augustiner-Chorherrenstift mit der prächtigen Pfarrkirche St. Martin von 1662 und der gleich gegenüberliegenden Kirche Mariä Himmelfahrt mit ihren eigenwillig gestalteten Seitenaltären, am 1730 erbauten Rathaus in der Dorfstraße 3, in dem einst Engelbert Humperdinck und der Maler Moritz von Schwind zu Gast waren, und am Gasthof »Drei Rosen«, in dem es der norwegische Karikaturist Olaf Gulbransson 1923 anlässlich seiner Verlobung so richtig krachen ließ. Aber auch die bunten Bauerngärten vor den schmucken historischen Holzhäusern runden den ausgesprochen positiven Gesamteindruck ab.

Farbenprächtiger Bauerngarten in Bernried

Für das »Museum der Phantasie«, das die Sammlungen des Malers Lothar-Günther Buchheim zeigt, sollten circa zwei bis drei Stunden einkalkuliert werden. Zu sehen sind Werke der berühmten »Brücke«-Expressionisten, Exponate aus Asien und Afrika sowie allerhand Unterhaltsames des exzentrischen Sammlers Buchheim.

Adressen und Öffnungszeiten:

Buchheim Museum, Museum der Phantasie, Am Hirschgarten 1, 82347 Bernried, Tel. 0 81 58/9 97 00, Apr–Okt: Di–So, Fei 10.00–18.00, Nov–März: Di–So, Fei 10.00–17.00, www.buchheimmuseum.de

St- Michaels-Kirche, Hauptstraße 9, 82402 Seeshaupt, Tel. 0 88 01/7 51, tägl. 8.00–18.00

Jakobskapelle, Seeseiten 4, 82402 Seeshaupt/Seeseiten, Schlüssel bei Herrn Hirsch, Tel. 0 88 01/23 46

Klosterkirche St. Martin, Klosterhof, 82347 Bernried, Tel. 0 81 58/75 06, tägl. 8.00–18.00

Mariä Himmelfahrt in 832147 Bernried

Einkehr (E):

Seerestaurant Lido, St.-Heinricher-Straße 113, 82402 Seeshaupt, Tel. 0 88 01/5 33 (schöner Biergarten direkt am See, im Sommer viele Feste, sonntags oft live Jazz-Musik-Brunch)

Gasthof März, Bahnhofstraße 26, 82347 Bernried, Tel. 0 81 58/99 96 78 (Bayerische Schmankerl, mit nettem Biergarten)

Gasthof Drei Rosen, Dorfstraße 11, 82347 Bernried, Tel. 0 81 58/63 50 (gemütliche Gaststube)

Übernachtung (Ü):

Pension und Gasthaus Zur Mühle, Loisachweg 47, 82547 Beuerberg, Pension Tel. 0 81 79/99 73 90, Gasthaus Tel. 0 81 79/88 32, Do–Mo 10.00–24.00, Di, Mi Ruhetag, www.pensionzurmuehle.de, Zimmer ab 40,00 €, Doppelzimmer ab 64,00 € (an der Loisach mit gemütlicher Terrasse)

CVJM-Hof, Magnetsried Nr. 33, 82402 Seeshaupt, Tel. 0 88 01/9 15 60, Zimmer ab 15,00 € p. P. (Selbstversorger-Haus mit großem Spielplatz)

Hotel Seeblick, Tutzinger Straße 9, 82347 Bernried. Tel. 0 81 58/25 40, www.hotel-seeblick-bernried.de, Zimmer ab 35,00 € p. P. (traumhafter Seeblick, schön renoviertes Haus von 1891)

Verkehrsanbindung/Rückfahrt (V):
Bernried–München: von Bernried eine Station mit dem Zug aus Richtung Kochel kommend, dann mit der S 7 oder mit dem Zug bis München Hbf, Deutsche Bahn Tutzing, www.reiseauskunft.bahn.de

Informationen:
Gemeinde Eurasburg, Beuerberger Straße 10, 82547 Eurasburg, Tel. 0 81 79/94 76 16, www.eurasburg.de
Gemeinde Seeshaupt, Weilheimer Straße 1–3, 82402 Seeshaupt, Tel. 0 88 01/9 07 10, www.seeshaupt.de
Gemeindeverwaltung, Dorfstraße 3, 82347 Bernried, Tel. 0 81 58/99 39 00, www.bernried.de, www.sta5.de

18 Der Pfaffenwinkel – ein optischer Hochgenuss
Von Bernried nach Polling

Bernried – Marnbach – Weilheim (Ü) – Polling (E V)

- ca. 25 km
- Wer etwas körperliche Ausdauer mitbringt und wem leichte Steigungen nichts ausmachen, für den ist diese Route ideal.
- Die traumhaft schöne Moorlandschaft bettet die Orte wie in kunstvoll gearbeitete Watte.

Hier geht's lang

Auf dieser Tour fällt uns die Orientierung nicht schwer, denn wir müssen nur dem gut gekennzeichneten Prälatenweg folgen, der parallel zu unserem Jakobsweg verläuft. Wir verlassen das Kloster **Bernried** und gehen die leicht ansteigende Dorfstraße hinauf. Links zweigt die Bahnhofstraße ab, die uns zum Bahnhof führt. Von dort aus geht es rechts in die Zugspitzstraße, an deren Ende wir den Weg nach Bauerbach einschlagen.

Wir halten uns an die Markierung, kommen durch einen Wald und lassen den Nußberger Weiher im Naturschutzgebiet Bernrieder Filz hinter uns. Weiter führt uns der Weg durch diese geschützte Moorlandschaft, vorbei an einigen kleinen Weihern. Nachdem wir dem Dörfchen Jenhausen den Rücken gekehrt haben, biegen wir nach rechts ab. Der Weg führt uns erst berauf, dann bergab zur Staatsstraße, die uns das kleine Stück bis Magnetsried begleitet. Im Ort schlagen wir rechts den Weg nach Ungertsried ein und gelangen durch die beschauliche Moorlandschaft nach **Marnbach**, wobei wir im letzten kurzen Stück wieder von der Staatsstraße begleitet werden. Nach dem Ortsende wählen wir links die Straße Am Hechenried, überqueren den kleinen Angerbach und erreichen Deutenhausen. Im Ort halten wir uns links und folgen dem ausgeschilderten Weg, der uns kurze Zeit später zu einem Wäldchen am Fuß des 630 Meter hohen Hechenbergs geleitet.

Nachdem wir den Wald hinter uns gelassen haben, wandern wir rechts leicht bergan am Waldrand entlang, erreichen den Waldpfad, aus dem an seinem Ende ein Trimm-dich-Pfad wird. Etwas bergab steuern wir dem Zentrum von **Weilheim** zunächst über die Weinhardtstraße zu, dann über die Alpenstraße. Auf der anderen Straßenseite biegen wir in die Murnauer Straße ein, an deren Ende wir rechter Hand den Prälatenweg finden, der uns nach Polling führt. Kurz vor unserem Ziel geleitet uns ein geteerter Weg – vorbei an der 1997 errichteten, dem heiligen Jakobus geweihten Flurkapelle – zu einer Querstraße, auf der wir nach St. Jakob bei **Polling** gelangen. Der Weg führt nun rechts in die Römerstraße, dann wieder rechts in die St.-Jakobs-Straße bis zu einer befahrenen Straßenkreuzung. Nachdem wir diese vorsichtig überquert haben, gelangen wir über die Steinbruchstraße zu unserem Ziel, dem Kloster Polling.

Das gibt's zu sehen

Die barocke Kirche Mariä Himmelfahrt, malerisch auf einem Hügel gelegen, fügt sich schön in die wundervolle Hochmoorlandschaft ein.

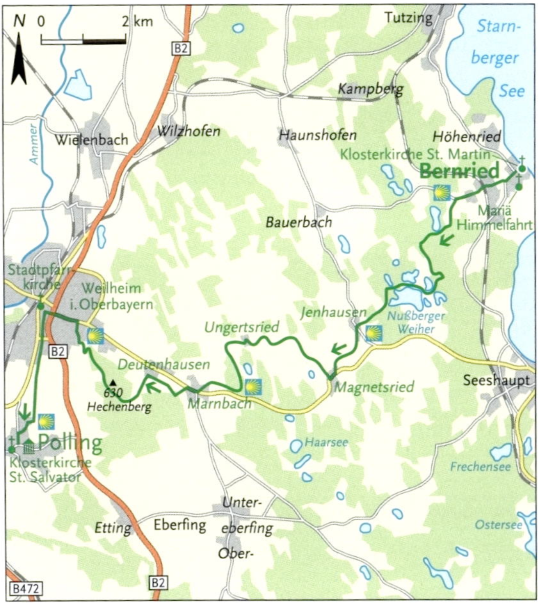

Der Weilheimer Marktplatz lädt zu einer Pause ein.

In **Weilheim**, Kreisstadt im Pfaffenwinkel, gönnen wir uns einen kleinen Stadtbummel. Wir freuen uns auf die zum Teil noch erhaltene Stadtmauer, die spätgotische, 1624–28 erbaute Stadtpfarrkirche mit Wessobrunner Stuck und schönen Altären und den schmucken Marienplatz mit seinen bunten historischen Häuserfronten.

Der Pfaffenwinkel macht mit den prächtigen Klöstern und Kirchen seinem Namen alle Ehre, wie wir es auch in **Polling** eindrucksvoll bewiesen bekommen. Das Klosterdorf, vermutlich eine Gründung von Herzog Tassilo um 750, erfreut mit seiner überaus prächtigen, mit Stuck verzierten, dreischiffigen Hallenkirche St. Salvator, 1416–20 erbaut. Der ebenfalls sehr schöne Bibliotheksaal dient heute als Bühne für klassische Konzerte. Das Heimatmuseum im heutigen Rathaus, einem Gebäude des einstigen Augustiner-Chorherrenstifts, präsentiert auf drei Stockwerken einen Überblick über die Geschichte, Kunst und Volkskultur der Region rings um Polling. Das 1913 fertiggestellte Molkereigebäude diente einst als Milchsammelstelle für die Pollinger Bauern und ist heute ein Molkereimuseum, das über die Milchverarbeitung und Butterproduktion informiert.

Adressen und Öffnungszeiten:

Stadtmuseum, Marienplatz 1, Altes Rathaus, 82362 Weilheim, Tel. 08 81/68 21 00, Di–So 10.00–12.00, 14.00–17.00

Heimatmuseum, Kirchplatz 11, 82398 Polling, Tel. 08 81/57 78, März bis Nov, So 9.30–12.00
Molkereimuseum, Jörg-Ganghofer-Straße 8, 82398 Polling, Öffnungszeiten unter Tel. 08 81/9 39 00 erfragen
Bibliotheksbesichtigung Polling, Tel. 08 81/6 13 16
Klosterkirche St. Martin, Klosterhof, 82347 Bernried, Tel. 0 81 58/75 06, tägl. 8.00–18.00
Mariä Himmelfahrt in 82347 Bernried
Stadtpfarrkirche, Kirchplatz 1, 82362 Weilheim, Tel. 08 81/22 87, tägl. 8.00–18.00
Klosterkirche, Kirchplatz 4, 82398 Polling, Tel. 08 81/92 54 38 83, tägl. 8.00–17.00, Do 14.00–17.00

Einkehr (E):
Gasthof Allgäuer Hof, Marienplatz 17, 82362 Weilheim, Tel. 08 81/20 86, www.allgaeuerhof-wm.de (bayerisch-schwäbische Küche)
Gasthof Alte Klosterwirtschaft, Weilheimer Straße 12, 82398 Polling, Tel. 08 81/48 51, www.alte-klosterwirtschaft.de (500 Jahre alte Wirtschaft mit wunderschönem Biergarten)

Übernachtung (Ü):
Naturfreundehaus, Holzhof 36, 82362 Weilheim, Tel. 08 81/31 36, Doppel- und Mehrbettzimmer
Ferienwohnung Ahn, Unterer Graben 16, 82362 Weilheim, Tel. 08 81/9 01 04 88, 30,00 € p. P. (direkt im Zentrum)
Stadthotel Bräuwastl, Lohgasse 9, 82362 Weilheim, Tel. 08 81/9 47 70, www.stadthotel-braeuwastl.de, Zimmer ab 69,00 € p. P. (mit Frühstücksbuffet, Garage und Sauna)
Ferienhof Albrecht, Eichbergstraße 37, 82398 Oderding, Tel. 08 81/12 40, www.ferienhofalbrecht.de, App. ab 30,00 €

Verkehrsanbindung/Rückfahrt (V):
Polling–Bernried/Weilheim: Bus, tägl. mehrere Verbindungen, www.rvo-bus.de
Weilheim–München: Bahn, www.reiseauskunft.bahn.de

Informationen:
Weilheim Info, Admiral-Hipper-Straße 20, 82362 Weilheim, Tel. 08 81/68 21 28, www.weilheim.de
Tourismusverband Pfaffenwinkel, Bauerngasse 5, 86956 Schongau, Tel. 0 88 61/77 73, www.pfaffenwinkel.com
Gemeindeverwaltung Polling, Kirchplatz 11, 82398 Polling, Tel. 08 81/9 39 00, www.polling.de

Alle Herrlichkeit auf Erden

Der Pfaffenwinkel, das Land der »Bauern, Künstler und Mönche« im oberbayerischen Alpenvorland, umfasst die Landschaft zwischen den Flüssen Lech, Ammer und Loisach und reicht vom südlichen Teil des Ammer- und Starnberger Sees bis hin zu den imposanten Ammergauer Bergen. Diese Region wird – wie keine andere in ganz Deutschland – dominiert von prächtigen Kirchen. 159 Gotteshäuser sind es insgesamt, die der Gegend auch ihren Namen gaben, der 1756 erstmals urkundlich erwähnt wurde. Die liebliche, leicht hügelige Landschaft, blühende Wiesen, verwunschene Moore, romantische Seen und plätschernde Flussläufe machen zusammen genau das aus, was diesen Landstrich so treffend beschreibt: »Alle Herrlichkeit auf Erden!« Wie wahr!

Von München nach Lechbruck am See

19 Raus aus der Stadt!

Vom Münchner Jakobsplatz zum Kloster Schäftlarn

München (E Ü V) – Hinterbrühler See (E) – Georgenstein – Kloster Schäftlarn (E Ü V)

- ca. 22 km
- Leichte Etappe, bis auf eine kurze Steigung, auch für Ungeübte und Familien gut geeignet
- Reizvoller Kontrast zwischen quirliger Stadt und beschaulicher Auenlandschaft

Hier geht's lang

Unsere Route beginnt direkt im Zentrum von **München** vor der katholischen Klosterkirche St. Jakob am Anger, der Jakobskirche am Jakobsplatz. Durch das Tal, vorbei am Isartor mit seinem unterhaltsamen Valentin Musäum und durch die Zweibrückenstraße gelangen wir an der Ludwigsbrücke, die von Heinrich dem Löwen schon 1158 errichtet wurde, zur Isar und dem Deutschen Museum auf der Isar-Insel. Eine leuchtend goldene Sonne auf einer Säule im Museumshof zeigt uns den Beginn des bestens mit Infotafeln ausgeschilderten, 4,6 Kilometer langen Planetenwegs an, auf dem wir durchgehend bleiben. Durch die Zeppelinstraße, vorbei am Schyrenbad und unter zwei Brücken hindurch, der Braunauer Eisenbahnbrücke und der des Mittleren Rings, erreichen wir den bei Münchnern ausgesprochen beliebten Flaucher, renaturierte Isarauen. Weiter geht's immer am Fluss entlang zum Tierpark Hellabrunn. Bei der idyllischen Marienklause wechseln wir über eine Brücke die Flussseite in Richtung Westen und gelangen zum **Hinterbrühler See**.

Der Isarkanal bis zur Großhesseloher Brücke, inmitten lieblicher Auenlandschaft, bestimmt unseren nächsten Wegabschnitt. Vom etwas anstrengenden Aufstieg zum Isarhochufer erholen wir uns im Biergarten der Waldwirtschaft in Großhesselohe mit einer zünftigen bayerischen Brotzeit. Kurz vor der Verbindungsstraße Pullach–Grünwald benutzen wir die Treppen, die uns zur Isarbrücke bringen, und gelangen zu dem im Wasser stehenden, mit einem Standbild verzierten **Georgenstein**.

Am Abzweig nach Schäftlarn weist uns ein Jakobswegschild, genauer gesagt die Europamuschel (gelb auf blauem Grund), die weitere Wanderung zum circa sieben Kilometer entfernten **Kloster Schäftlarn**. Wir folgen auf einem breiten Schotterweg leicht bergan durch den sonnendurchfluteten Buchenwald einfach nur der Muschel. Nachdem wir am ausgeschilderten Wegkreuz dreieinhalb Kilometer vor **Kloster Schäftlarn** links abgebogen sind, gehen wir bald auf einem schmalen Pfad noch circa zwei Kilometer, bevor wir wieder bequem auf einem breiten Kiesweg durch die wunderschöne Natur eines ausgewiesenen Wasserschutzgebiets wandern können. Circa einen Kilometer vor dem **Kloster Schäftlarn** überqueren wir die kurvenreiche Schäftlarner Autostraße und gelangen bergab zu unserem Ziel.

Das gibt's zu sehen

Entstanden ist das Angerkloster am Jakobsplatz in **München**, an dessen Pforte sich Jakobspilger nach Santiago rund um die Uhr anmelden können und ihren Pilgerpass bekommen, Ende

des 12. Jahrhunderts aus einer dem Apostel Jakobus geweihten Kapelle. Gleich in der Nähe laden das Wahrzeichen der Stadt, die Frauenkirche, und das spannende Stadtmuseum zu einem Besuch ein. Auch ein Bummel durch die Kaufingerstraße, eine Fußgängerzone mit Deutschem Jagd- und Fischereimuseum und der 1583 bis 1597 erbauten Jesuitenkirche St. Michael, lohnt. Nahe ist ebenfalls der Odeonsplatz mit seiner imposanten Feldherrenhalle. Die Brotzeit für unsere Wanderung lässt sich natürlich am besten auf dem Viktualienmarkt einkaufen, einem absolut sehens- und »erschmeckenswerten« farbenprächtigen Schlemmerparadies.

Spaßvögel und alle, die es werden wollen, sollten sich das Valentin Musäum im Isartor anschauen. Dieses Kuriositäten-Kabinett des beliebten Münchner Volkskomikers Karl Valentin zeigt unter anderem den Nagel, an den der Meister des schrägen Humors seinen Schreinerberuf hängte, und informiert über den praktischen Nutzen eines Winterzahnstochers. Weiter führt der Weg zum Deutschen Museum, dem größten technischen Museum der Welt, dessen Besichtigung jedoch mindestens einen Tag in Anspruch nimmt. Auf etwa 55 000 Quadratmetern Ausstellungsfläche werden über 18 000 Exponate aus den Bereichen der Technik und Naturwissenschaften gezeigt, unter anderem dem Berg- und Hüttenwesen, Verkehr, Schiffsbau und der Astronomie. Auf dem hier beginnenden Planetenweg erfahren wir durch aufgestellte Informationstafeln viel Wissenswertes über die einzelnen Planeten unseres Sonnensystems.

Am Planetenweg liegt auch der Flaucher mit gut ausgeschilderten Rad- und Wanderwegen, das Münchner Freizeitparadies für sonnenhungrige Badenixen und passionierte Griller. Hier kühlen wir unsere Füße im klaren Wasser der Isar kurz ab. Wer Lust hat, kann dem landschaftlich sehr schön gelegenen Tierpark Hellabrunn mit Streichelzoo für Kinder einen Besuch abstatten. Das Flößerdenkmal am **Hinterbrühler See** erinnert an die frühere Aufgabe des Flusses, nämlich den Transport vor allem von Holz.

Nahe dem Abzweig nach Schäftlarn entdecken wir in der Isar den fünf Meter hohen **Georgenstein**, einen großen Block von Deckenschotter, der sich vom östlichen Isarhang gelöst hat. Seinen Namen erhielt der Felsbrocken nach einem zwar gekenterten, aber geretteten Flößer. Oberhalb davon liegt die Burg Schwaneck, eine imposante Ritterburg mit noch original erhal-

Das Kloster Schäftlarn

tenem Rittersaal, die 1843 erbaut wurde und in der heute eine Jugendherberge untergebracht ist.

Kurz danach, auf der Hochleite bei Höllriegelskreuth begrüßt uns der in Stein verewigte Gabriel von Seidl (1848–1913). Der streitsüchtige Naturliebhaber und berühmte Architekt gründete einen Verein zur Erhaltung dieser einmalig schönen Isarlandschaft, dessen Mitglieder sich bis heute vehement für die natürlichen Belange des Flusses einsetzen.

Unser Endziel, das prächtige **Kloster Schäftlarn** mit seinem romantischen Prälatengarten, 762 von dem Benediktiner Waltrich gegründet, wurde nach einer bewegten Geschichte von Ludwig I. von Bayern 1866 wieder den Benediktinern zurückgegeben. Sie richteten ein Gymnasium ein, das auch heute noch samt seinem Tagesheim und Internat einen sehr guten Ruf genießt. Die eher schlicht gehaltene Außenfassade der Klosterkirche verrät noch nicht viel über die üppige barocke Pracht im Inneren. Kein Wunder, denn beim Bau wirkten prominente Künstler wie Johann Baptist Straub, François Cuvilliés und Johann Baptist Zimmermann mit. Im Sommer gibt es hier klassische Konzerte. Wem aber der Sinn mehr nach weltlicheren Dingen steht, dem sei ein Besuch im Biergarten Klosterbräustüberl gegenüber der Kirche ans Herz gelegt!

Angerkloster, Unterer Anger 2, 80331 München
Valentin Musäum, Isartor, Tel. 0 89/22 32 66, Mo, Di 11.01–17.29, Fr, Sa 11.01–17.59, So 10.01–17.59, Mi, Do geschlossen, www.valentin-musaeum.de
Deutsches Museum, Museumsinsel 1, 80538 München, Tel. 0 89/2 17 91, tägl. 9.00–17.00, www.deutsches-museum.de
Schyrenbad, Claude-Lorrain-Straße 24, 81543 München, geöffnet 1. Mai–Mitte Sept., tägl. 9.00–18.00, www.swm.de
Tierpark Hellabrunn, Tierparkstraße 30, Tel. 0 89/ 62 50 80, Apr–Sep 8.00–18.00, Okt–März 9.00–17.00, www.zoo-muenchen.de
Jakobskirche, Unterer Anger 1, 80331 München, Tel. 08 89/ 6 73 46 10, tägl. 8.00–16.30, 11.30–13.00 geschl.
Klosterkirche, Schäftlarn 2, 82069 Schäftlarn, Tel. 0 81 78/ 7 90, tägl. 8.00–17.00

Einkehr (E):

Gasthof Hinterbrühl am See, Hinterbrühl 2, 81479 München, Tel. 0 89/79 44 94, tägl. 10.00–24.00, www.gasth-hinterbruehl.de
Klosterbräustüberl Schäftlarn, Kloster Schäftlarn 16, 82067 Ebenhausen, Tel. 0 81 78/36 94, tägl. 9.00–23.00 (mit Biergarten, Doppelzimmer ca. 50,00 €)
Brückenfischer, an der Schäftlarner Brücke, Dürnstein 1, 82544 Egling, Tel. 0 81 78/36 35 (Biergarten direkt an der Isar)

Übernachtung (Ü):

Hotel Falkenturm, Falkenturmstraße 3, 80331 München, Tel. 0 89/23 23 95 90, www.hotel-falkenturm.de, Doppelzimmer 90,00 € (ca. 5 Min. zu Fuß vom Jakobsplatz entfernt)
DHJ-Jugendherberge Burg Schwaneck, Burgweg 4–6, 82049 Pullach, Tel. 0 89/48 66 70, www.burgschwaneck.de, ab 19,00 € p. P. (S7 nach Pullach, dann 10 Min. zu Fuß)

Verkehrsanbindung/Rückfahrt (V):

Kloster Schäftlarn–München: Bus 961 zur S-Bahn Hohenschäftlarn, ab hier Verbindung mit S7 nach München, www.rvo-bus.de, www.mvv-muenchen.de

Extras:

Gleich bei der Dürnsteiner Brücke beim Brückenwirt kurz vor Kloster Schäftlarn laden Kiesbänke zu einer kurzen Rast und die Isar zu einem erfrischenden Bad ein.

Informationen:

Tourismusamt mit Zimmervermittlung, Sendlinger Straße 1, 80331 München, 0 89/23 39 65 00, nur tel. erreichbar Mo–Fr 8.00–20.00, Sa, So, Fei 10.00–18.00, www.muenchen-tourist.de

Tourist-Information Marienplatz im Neuen Rathaus, Mo–Fr, 10.00–20.00, Sa 10.00-16.00, So, Fei geschlossen

Gemeinde Schäftlarn, Starnberger Straße 50, 82069 Hohenschäftlarn, Tel. 0 81 78/9 30 30

Brotzeit auf Bayerisch

Auf Ihren Wanderungen durch Oberbayern werden Sie immer wieder auf eine der schönsten bayerischen Einrichtungen stoßen: den Biergarten. Ein »echter« Biergarten wird idyllisch von alten, Schatten spendenden Kastanienbäumen umsäumt und besitzt einfache Holztische und nicht gerade bequeme Holzbänke. In schönen Biergärten herrscht im Sommer Hochbetrieb, auch dort, wo die »Schmankerl« für die Brotzeit verkauft werden. An erster Stelle steht natürlich die berühmte Weißwurst, die aus 50 Prozent Kalbfleisch bestehen sollte und mit etwas Speck, Petersilie und anderen, geheim gehaltenen Gewürzen verfeinert wird. Weißwürste werden stets in ungerader Zahl bestellt und dürfen eigentlich das »Elf-Uhr-Läuten« nicht mehr hören. So streng wird das Ganze heute allerdings nicht mehr gehandhabt, daher können Sie sich getrost auch am Nachmittag diese warme Köstlichkeit bestellen. Jedoch bitte nicht mit Ketchup, sondern mit süßem, grobkörnigem Senf. Besonders im Biergarten beliebt ist der warme Leberkäs, eine Mischung aus Rind- und Schweinefleisch, abgestimmt mit Muskat und Majoran. Dazu, wie auch zu Weißwürsten, genießt man frische Laugenbrezen, »Brezn« genannt. Ein weiteres Muss einer guten bayerischen Brotzeit ist ein »Obatzter«, ein ziemlich reifer Camembert, der zusammen mit Kümmel, feingehackten Zwiebeln und einer offiziell nicht bekannten Gewürzmischung zu einem deftig-leckeren Brotaufstrich vermischt wird. Dazu ein in dünne Scheiben geschnittener »Radi«, ein Rettich, der ordentlich gesalzen werden muss, damit er sich »ausweinen« kann, also: seine Schärfe verliert. Aber egal, welche bayerische Spezialität Sie sich aussuchen und testen – eine frisch gezapfte Bierspezialität gehört immer dazu. Na, dann »Guadn« und prost!

Eine Klostertour

Vom Kloster Schäftlarn zum Kloster Andechs

Kloster Schäftlarn – Ebenhausen (E Ü) – Neufahrn (E Ü) – Starnberg (E Ü) – Maising (E) – Kloster Andechs (E Ü V)

- ca. 25 km
- Leichte Etappe, bis auf die kurze Steigung am Anfang, ideal auch für Ungeübte
- Barocke Kunst, bayerische Kultur, traumhaft schöne Landschaften – von jedem und für jeden ist etwas dabei.

Hier geht's lang

Wir starten direkt am **Kloster Schäftlarn** und gehen circa 100 Meter die Straße bergauf, bis wir auf das Muschelschild stoßen, das uns nach links in den Wald geleitet. Nun geht es forsch bergan, Nichtgeübte sollten langsam gehen! Doch keine Bange, nach circa 15 Minuten ist es geschafft: Wir erreichen **Ebenhausen**, überqueren die Hauptstraße, kommen am Bahnhof mit hübschem Café vorbei und befinden uns jetzt auf dem Wanderweg nach Zell. Anfangs laufen wir noch über eine Straße, rechts vorbei am Sanatorium. Beim Verlassen von Zell heißt unsere neue Richtung **Neufahrn**. Zur Linken spendet uns ein Wald Schatten, bevor wir unter der Autobahn auf einer kleinen Teerstraße den Ort erreichen. Am Ortsende werden wir mit einem angenehm zu gehenden Wanderweg belohnt, der uns durch hügelige Wiesenlandschaften und Wälder bis nach Haarkirchen geleitet.

Nach Haarkirchen haben wir die Qual der Wahl, wobei persönliche Kondition und Wetterverhältnisse wichtige Entscheidungskriterien sein sollten: An der Wegkreuzung, gegenüber einem alten Baum mit einer Ruhebank, hat die Gemeinde freundlicherweise eine Tafel aufgestellt, die uns ausführlich Auskunft über die zwei möglichen, mit Muschelzeichen beschilderten Wegverläufe gibt. Auf dem einen, dem roten Weg, gelangen wir durch das Manthal und Kempfenhausen nach **Starnberg**, von dort aus weiter nach **Maising**, Aschering bis hin zum **Kloster Andechs**. Der andere, grüne Weg führt uns über Aufkirchen nach Leoni. Dieser Weg ist nur von Ostern bis Mitte Oktober zu empfehlen, denn dann können wir von Leoni aus eine schöne Schifffahrt über den Starnberg See nach Possenhofen unternehmen und treffen hier gleich wieder auf unseren gut ausgeschilderten Weg zum Endziel. Wer keine »Seebeine« hat, wandert einfach von Leoni aus auf dem mit Muschelschildern ausgewiesenen Weg durch den Schlosspark weiter nach Unterberg und Kempfenhausen und ist damit kurz vor Starnberg auf dem roten Weg, der gleichzeitig ab der Votivkapelle in Berg auch der König-Ludwig-Wander-Weg heißt, zu erkennen an einem blauen »K« vor weißem Hintergrund.

In **Starnberg** führt uns die Seestraße in Richtung Norden zum Uferweg, durch das Freibadegelände am See entlang und über die Holzzugbrücke der Bootswerft Rambeck weiter nordöstlich zur Dampferanlegestelle. Wir lassen den ersten, nur für Fußgänger passierbaren kleinen Eisenbahntunnel rechts liegen, unterqueren beim zweiten Durchlass direkt unter dem Bahnhof die Eisenbahnlinien und gehen auf der Bahnhofstraße

Kunstvoller Rastplatz am Starnberger See

hinauf bis zur Weilheimer Straße. Nachdem wir diese an der großen Ampelkreuzung überquert haben, sind wir in der Söckinger Straße, die uns in westlicher Richtung bis zum Maisinger-Schlucht-Weg bringt, in den wir dann links abbiegen. Direkt beim Umspannwerk gehen wir rechts und erreichen die Maisinger Schlucht. Nachdem wir uns bei der Bismarckstraße links gehalten haben, wandern wir nach 100 Metern wieder rechts und gelangen dann auf die Straße nach **Maising**.

Jetzt genießen wir den angenehm zu gehenden Weg durch ein traumhaft schönes Naturschutzgebiet, der uns nach Aschering bringt. Die dortige Kirche ist für uns richtungsweisend, hier biegen wir zuerst nach rechts und dann nach links ab. Unser Ziel Andechs ist bereits auf dem Wegweiser zu lesen. Stille Kühle empfängt uns in dem Wald, in dem nach dem Eßsee das Gebäude der Außenstelle des Gefängnisses Landsberg am

Lech sichtbar wird. Weiter geht es auf dem König-Ludwig-Weg geradeaus den Feldweg entlang bis zur Straße Andechs–Perchting, die wir überqueren. Vom Parkplatz aus kommen wir über einen kleinen Fußweg zum **Kloster Andechs**.

Das gibt's zu sehen

Nachdem wir vom **Kloster Schäftlarn** nach **Ebenhausen** gewandert sind, können wir hier, genauer gesagt in der Wolfratshauser Straße, einen schönen Maibaum mit Zunftzeichen bewundern. Sage und schreibe 800 Jahre alt ist das außen unscheinbare, innen sehr schöne Kirchlein St. Michael in Zell mit seinen beeindruckenden Fresken. In dem kleinen Weiler gibt es etliche alte Bauernhäuser mit sehenswerten Außenfassaden und typischen Bauerngärten zu entdecken.

Kurz vor der Autobahn sehen wir wieder eine kleine Kirche, die wegen ihrer Madonnenfigur einen kurzen Besuch wert ist. Wer Lust hat, legt am Starnberger See eine erfrischende Badepause ein. Wir plantschen übrigens im zweitgrößten See Bayerns, der 21 Kilometer lang, bis zu fünf Kilometer breit und bis zu 120 Meter tief ist. Die Ufer dieses, bei den Münchnern ausgesprochen beliebten Badesees, der »Münchner Badewanne«, waren und sind noch immer Anziehungspunkt für Adel und Prominenz, die sich hier in noblen Villen niederlassen. Das Kreuz im Wasser des Sees in Berg, gleich bei der Votivkapelle, zeugt vom Schicksal eines berühmten Mannes, nämlich von König Ludwig, dem bayerischen Märchenkönig, der an dieser Stelle unter ungeklärten Umständen 1886 zu Tode kam. In Berg steht an der Oskar-Maria-Graf-Straße das Geburtshaus dieses berühmten Malers.

Zwei Faktoren trugen hauptsächlich dazu bei, dass aus dem verschlafenen kleinen Fischerort **Starnberg** heute der Ort mit den meisten Millionären – deutschlandweit betrachtet – werden konnte: die Eröffnung der Dampfschifffahrt im Jahre 1851 und 1854 die Einweihung der Bahnlinie von München aus. In der ehemaligen Burg, die 1541 von den Wittelsbachern zum Schloss umgebaut wurde, genießen die Beamten des Finanzamts den herrlichen Blick auf den See. Die alte Pfarrkirche St. Josef aus dem Jahre 1766/68 lassen wir uns wegen ihres herrlichen Rokoko-Hochaltars mit der Heiligen Familie von Ignaz Günther auf keinen Fall entgehen! Südlich des Bahnhofs gelangen wir zum

Städtischen Heimatmuseum, das in einem ehemaligen Fischerhaus aus dem 16./17. Jahrhundert untergebracht ist und ausführlich über die Kulturgeschichte dieser Region informiert.

Während wir durch die landschaftlich beeindruckende Maisinger Schlucht wandern, machen wir uns klar, dass wir eigentlich in einer Entwässerungsrinne des Maisinger Sees gehen, die Eiszeitgletscher von Süden nach Norden geformt haben.

711 Meter hoch liegt postkartenreif auf einem Moränenhügel, dem »Heiligen Berg«, das **Kloster Andechs** der Benediktiner. In seiner Heiligen Kapelle werden drei kostbare Reliquien aufbewahrt, nämlich das Siegeskreuz Karls des Großen, die Heiligen Drei Hostien und Zweige der Dornenkrone Christi sowie das Brautkleid der heiligen Elisabeth von Thüringen. Wir schauen uns unbedingt die Rokokokirche an, mit deren Innengestaltung kein Geringerer als Johann Baptist Zimmermann beauftragt wurde. Vor lauter überschäumender Pracht weiß man gar nicht, wo man zuerst hinschauen soll! Im Wachsgewölbe gibt es dann noch eine Sammlung von über 250 Votivkerzen zu sehen. Dann können wir dem gemütlichen Biergarten nicht widerstehen. Doch welche der unzähligen Sorten des von den Andechser Mönchen selber gebrauten Klosterbiers – insgesamt sind es circa 70 000 Hektoliter pro Jahr – wir auch wählen, über eines müssen wir uns vor dem Anprosten im Klaren sein: Der Gerstensaft schmeckt nicht nur ausgesprochen süffig, sondern steigt auch sehr schnell zu Kopf!

Adressen und Öffnungszeiten:

Heimatmuseum Starnberg, Possenhofener Straße 5, Zugang vom Bahnhofsplatz, 82319 Starnberg, Tel. 0 81 51/77 21 32, Di–So 10.00–12.00, 14.00–17.00

Klosterkirche, Schäftlarn 2, 82069 Schäftlarn, Tel. 0 81 78/ 7 90, tägl. 8.00–17.00

Pfarrkirche St. Josef, Kirchplatz, 82319 Starnberg, fast immer geschlossen, Tel. 0 81 51/9 08 51 29

Heilige Kapelle, Bergstraße 2, 82346 Andechs, nur mit Führungen zu besichtigen, Tel. 0 81 52/37 60

Klosterkirche, Bergstraße 2, 82346 Andechs, Tel. 0 81 52/ 37 60, tägl. 8.00–19.00

Einkehr (E):

Gaststätte Manthal, Manthalstraße 1, 82335 Berg, Tel. 0 81 51/

44 47 67, 10.00–23.00, Mi Ruhetag, www.manthal.de
Seerestaurant Undosa, Seepromenade 1, 82319 Starnberg, Tel. 0 81 51/99 89 30, www.undosa.de, tägl. 10.00–24.00, Mitte Okt–Mitte März: Di Ruhetag (Tanztee, herrliche Terrasse direkt am See)
Gasthof Maisinger Seehof, Seestraße 14, 82343 Maising, Tel. 0 81 51/74 42 42, www.maisingerseehof.de, Mo Ruhetag, Nov–Feb geschlossen (schöner Biergarten direkt am See)
Andechser Bräustüberl 2, Bergstraße 2, 82346 Andechs, Tel. 0 81 52/37 62 61, tägl. 10.00–20.00

Übernachtung (Ü):
Landgasthof Jägerwirt, Starnberger Straße 119, 82069 Neufahrn, Tel. 0 81 78/8 68 40, Zimmer 53,00 €, Doppelzimmer 63,00 €, Vierbettzimmer 83,00 € (mit gemütlichem Biergarten und schöner Wirtsstube)
Gasthof zur Post, Wolfratshauser Straße 45, 82067 Ebenhausen, Tel. 0 81 78/36 03, www.hotelgasthofzurpost.de, Doppelzimmer ca. 60,00 € (ehemalige Klosterhoftaverne von 1308,)
Hotel Seehof, Bahnhofstplatz 6, 82319 Starnberg, Tel. 0 81 51/90 85 00
Hotel Bayerischer Hof, Bahnhofsplatz 12, 82319 Starnberg, Tel. 0 81 51/27 50
Hotel Zur Post, Starnberger Straße 2, 82346 Andechs, Tel. 0 81 52/9 18 20, www.hotelzurpost-andechs.de, Zimmer ab 32,00 € p. P. (mit Hofladen und Trachtenladerl)

Verkehrsanbindung/Rückfahrt (V):
Kloster Andechs–München: in ca. 30 Min. zu Fuß nach Herrsching, dort S 5 nach München, www.mvv-muenchen.de

Extras:
Eine Dampferfahrt nach Bernried mit Eintrittskarte in das dortige »Museum der Phantasie«, die berühmte Expressionisten-Sammlung von Lothar-Günther Buchheim, ist zu empfehlen. Auskünfte unter: www.bayerische-seenschifffahrt.de

Informationen:
Tourismusverband Starnberger Fünf-Seen-Land, Wittelsbacherstraße 2 c, Tel. 0 81 51/9 06 00, www.starnberger-fuenf-seen-land.de
Kloster Andechs, Bergstraße 2, 82346 Andechs, Tel. 0 81 52/37 60, www.andechs.de

Am schönen blauen Ammersee

Von Kloster Andechs nach Schondorf

Kloster Andechs (E) – Herrsching (E) – Schondorf (E Ü V)

- ca. 22 km
- Leichte Etappe, die keine besonderen Ansprüche stellt, nicht zuletzt wegen der vielen Bademöglichkeiten ideal für Familien mit Kindern
- Eine Abwechslungsreiche Voralpenlandschaft, der Ammersee lädt zu zahlreichen Wasseraktivitäten ein.

Hier geht's lang

Links von der Kirche des **Kloster Andechs** finden wir die Stufen, die uns auf den Wanderweg in das romantische Kiental mit seinem plätschernden Kienbach führen. Es geht immer bergab, rund 200 Höhenmeter sind zu bewältigen, was aber kein Problem darstellt. Nach circa 30 Minuten auf dem gut ausgeschilderten Weg erreichen wir **Herrsching** am Ammersee. Eine Entscheidung ist nun fällig! Wollen wir mit dem Dampfer bis Dießen fahren oder zu Fuß nach **Schondorf** mit seiner entzückenden Jakobskirche wandern? Bei der ersten Variante »entern« wir also einen Dampfer, der in regelmäßigen Abständen am Dampfersteg beim Hotel Seehof, direkt an der Seepromenade ablegt. Bei der zweiten Möglichkeit folgen wir ab dem Dampfersteg dem Seeweg, und zwar in Richtung Norden.

Nachdem wir einen Bach dank einer kleinen Brücke überquert haben, entdecken wie nach circa 10 Minuten Fußmarsch das uns schon vertraute Muschelschild, das uns an Rausch, Ellwang und Breitbrunn vorbei bis nach Buch geleitet. Wir bleiben einfach weiter auf dem beschilderten Weg, der uns in nördliche Richtung nach Stegen führt. Kurz vor Stegen nutzen wir die Gelegenheit für einen kurzen Badestopp. In Stegen laden

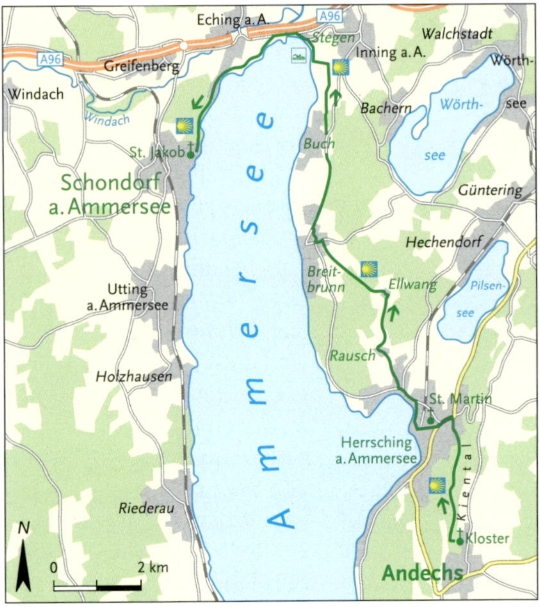

zwei Biergärten direkt am nördlichen Seeufer zum Verweilen ein, beide mit sehr schöner Aussicht auf See und Gebirge!

Frisch gestärkt begeben wir uns von dort aus auf den ausgeschilderten Fußweg nach **Schondorf**, überqueren gleich die Amper und zweigen nach links zum Uferweg durch das schöne Landschaftsschutzgebiet ab. Da es immer nur geradeaus geht, können wir unser Ziel nicht verfehlen!

Das gibt's zu sehen

Im Gegensatz zum Starnberger See ist der Ammersee mit seinen 47 Quadratkilometern und bis zu 82 Metern Tiefe der wesentlich ruhigere See. Fast das ganze Ostufer, also der Teil, in dem wir wandern, steht verdientermaßen unter Landschaftsschutz. Hauptort ist **Herrsching**, das am Ufer einer großen, bei Surfern und Seglern ausgesprochen beliebten Bucht liegt. Die spätgotische Pfarrkirche St. Martin, auf einem Hügel gelegen, verdient wegen ihrer barocken Ausstattung unsere Aufmerksamkeit, ebenso wie das architektonisch sehr eigenwillig gestaltete Kurpark-Schlösschen an der Strandpromenade, eine späthistoristiche Künstlervilla des Malers Ludwig Scheuermann aus dem Jahr 1889. Zu dessen Zeiten fanden hier opulente Feste statt, zu denen viele bekannte Münchner Künstler geladen wurden. Heute werden hier Feste anderer Art gefeiert – man kann sich in dieser romantischen Umgebung das Ja-Wort geben.

Ein Schild am Rathaus macht uns darauf aufmerksam, das wir uns genau am 48. Grad nördlicher Breite befinden. Erste Siedler ließen sich in **Herrsching** bereits 776 n. Chr. nieder – das erzählt uns der interessante archäologische Park, unter anderem mit einer rekonstruierten frühchristlichen Kirche und alten Adelsgräbern.

Den abwechslungsreichen Weg nach **Schondorf** genießen wir ganz bewusst, denn er führt durch ein landschaftlich sehr schönes Gebiet, eine bunte Mischung aus lichten Buchenwäldern, verwilderten Schluchten mit kleinen Bächen und alten Weiden, die sicherlich sehr viel zu erzählen hätten. Immer wieder bieten sich beeindruckende Ausblicke auf den See und die imposanten Gipfel der Alpen. In **Schondorf** erwartet den Jakobspilger ein ganz besonderer Augenschmaus! Die Rede ist von der kleinen romanischen Kirche St. Jakob aus dem Jahr 1149, die neben einem Gasthaus nahe der Dampferanlegestelle zu finden ist. Eine wahre Rarität, die wir uns nicht entgehen lassen sollten. Der unverputzte Tuffbau besticht sowohl äußerlich als auch im Inneren durch seine betörende Schlichtheit, vergleichbar mit Kirchen entlang spanischer und französischer Pilgerwege.

Bezaubernde Idylle am Ammersee

Adressen und Öffnungszeiten:

Archäologischer Park Herrsching, ca. 300 m von der St. Nikolaus Kirche entfernt, freier Eintritt, Führungen beim Verkehrsamt erfragen

Heilige Kapelle, Bergstraße 2, 82346 Andechs, nur mit Führungen zu besichtigen, Tel. 0 81 52/37 60

Klosterkirche, Bergstraße 2, 82346 Andechs, Tel. 0 81 52/ 37 60, tägl. 8.00–19.00

St. Martin, Prinzenhöhe, 82211 Herrsching, Tel. 0 81 52/13 03, tägl. 8.00–18.00

Jakobskirche, Kirchberg 10, 86938 Schondorf, Schlüssel über Tel. 0 81 92/88 99, 8.00–10.00

Einkehr (E):

Andechser Bräustüberl, Bergstraße 2, 82346 Andechs, Tel. 0 81 52/37 62 61, tägl. 10.00–20.00, www.andechs.de (unbedingt Andechser Bier und Teller-Sulz probieren)

Hotel Seehof, Seestraße 58, 82211 Herrsching, Tel. 0 81 52/ 93 50, www.seehof-ammersee.de (direkt am Dampfersteg)

Wirsthaus Zum Wastl, Bahnhofstraße 18, 86938 Schondorf, Tel. 0 81 92/2 10, ab 17.00, So, Fei ab 10.00, Mi, Do Ruhetag (wunderschöne alte Wirtstube, gute bayerische Küche)

Übernachtung (Ü):

Restauration mit Pension Schondorfer, Bahnhofstraße 41, 86938 Schondorf, Tel. 0 81 92/14 00, www.schondorfer.de, Zimmer ab 32,00 € p. P. (naturtrübes Kellerbier vom Fass)

Gasthof Drexl, Landsberger Straße 58, 86938 Schondorf, Tel. 0 81 92/2 86, Zimmer ab 25,00 €

Verkehrsanbindung/Rückfahrt (V):

Schondorf–Kloster Andechs: mit Bus und Regionalbahn tagsüber mehrere Verbindungen, www.reiseauskunft.bahn.de

Schondorf–München: mit Bus und Bahn tägl. mehrere Verbindungen, www.reiseauskunft.bahn.de

Extras:

Eine Fahrt mit dem Raddampfer von 1908, der seinen Heimathafen in Stegen hat, www.bayerische-seenschifffahrt.de

Informationen:

Verkehrsamt Herrsching, Bahnhofplatz 3, 82211 Herrsching, Tel. 0 81 52/52 27, www.herrsching.de

Tourismusbüro Schondorf, Bahnhofstraße 44, 86938 Schondorf, Tel. 0 81 92/88 99, www.schondorf-tourismus.de

Wunschlos glücklich

Von Schondorf nach Wessobrunn

Schondorf – Utting (E Ü) – Dießen (E Ü V) – Wessobrunn (Ü V)

- ca. 23 km
- Die leichten Steigungen machen einem etwas trainierten Wanderer sicherlich nicht zu schaffen. Geteerte Straßen wechseln sich mit Feld- und Waldwegen ab.
- Das im Sommer quirlige Künstlerdorf Dießen mit seinem prächtigen Marienmünster verschlägt uns vor lauter Schönheit genauso die Sprache wie das herrliche Kloster in Wessobrunn.

Hier geht's lang

Der Wegverlauf von **Schondorf** nach **Dießen**, mit der Muschel für uns ausgeschildert, ist wirklich simpel zu verfolgen, denn wir wandern einfach immer auf dem Uferweg des Ammersees entlang. In **Utting** finden wir wieder einen Dampferanlegesteg vor; weiter geht es immer geradeaus, vorbei an Holzhausen, Riederau und Sankt Alban. Hier ist eine der wenigen Stellen, an der wir etwas vom See weggeleitet werden, da ein Campingplatz das begehrte Ufer in Anspruch nimmt.

Schon sehen wir die ersten Häuser von **Dießen** und kommen entlang der Uferpromenade beim Künstlerpavillon am Dampfersteg an. Wir wenden uns vom See weg und laufen durch die sehr niedrige Bahnunterführung in den Ort hinein, immer geradeaus, über die Kreuzung mit der Prinz-Ludwig-Straße und die Herrnstraße hinauf. Oben am Berg zweigen wir links durch den Taubenturm zum weit sichtbaren Marienmünster des Augustiner-Chorherrenstifts ab. Beim Klostervorplatz nehmen wir die Probst-Herkulan-Karg-Straße bis zum Sträßchen Am Kirchsteig und sind damit wieder auf dem gut markierten König-Ludwig-Weg, dem wir einfach folgen. Am Bach links gelangen wir über die Lindenallee zur Schatzbergstraße. Wir biegen links ab, dann bei der nächsten Straßenmündung wieder rechts. Nun wandern wir auf einem bequemen Weg, einem Waldlehrpfad, durch einen lichten Wald, rechts zum Mechthildsbrunnen, weiter zur Burgkapelle und geradeaus über eine Kreuzung, bis wir auf einen geteerten Weg gelangen. Süden heißt unsere Himmelsrichtung, das blaue »K« weist uns den Weg zu einer Anhöhe mit traumhaftem Panoramablick. Über das kleine Dorf Haid gelangen wir problemlos zu unserem Ziel **Wessobrunn**.

Das gibt's zu sehen

Von **Schondorf** aus führt uns der ausgeschilderte Weg fast immer direkt am Ufer des Ammersees entlang. In **Utting** treffen wir auf eine Segelschule mit Segelboot- und Ruderbootverleih. Wem das Wasser zu wenig Balken hat, der kann das bunte Treiben auch von einem hübschen kleinen Park direkt am See beobachten. Der zehn Meter hohe Sprungturm des Freibads stellt eine wirkliche Mutprobe für alle Jugendlichen dar.

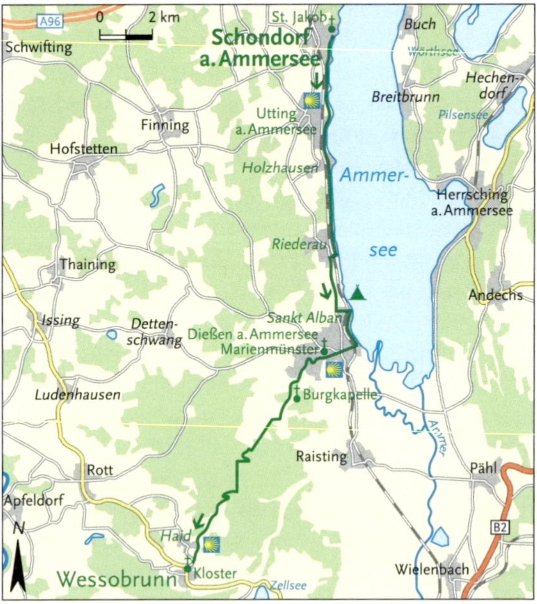

Am Ammersee bei Dießen

Wenn wir **Dießen** erreichen, spüren wir gleich die Lebensfreude, die der 1039 gegründete Ort ausstrahlt und damit viele Künstler anzog, wie Carl Orff, dem hier ein eigenes Museum gewidmet wurde, oder den Maler Fritz Winter, dessen Werke in seinem Atelier zu bewundern sind. Auch die Töpferei und Zinngießerei blicken in **Dießen** auf eine lange Tradition zurück. Einen Querschnitt des örtlichen Kunsthandwerks bekommt man im Ausstellungspavillon in den Seeanlagen oder beim Kunsthandwerkermarkt am 15. August zu sehen. Internationaler geht es beim stark frequentierten Süddeutschen Töpfermarkt am Himmelfahrts-Wochenende zu. Die absolute Krönung in Sachen Kunst ist in **Dießen** ohne Frage der Besuch des barocken Marienmünsters des Augustiner-Chorherrenstifts (erbaut 1732–39). Der berühmte »Dießener Himmel« von Johann Georg Bergmüller im östlichen Langhaus, filigran gearbeiteter Wessobrunner Stuck vom Feinsten und ein vermutlich von Cuvilliés entworfener Hochaltar gestalten das Innere des Gotteshauses mehr als würdig.

Wenn es die Zeit erlaubt, können wir einen kurzen Abstecher in das fünf Kilometer südlich von **Dießen** liegende Raisting unternehmen und in der Erdfunkstelle und Satellitenstation, die zu den größten der Welt zählt, Verbindung ins All aufnehmen. Die informative Ton-Bild-Schau vermittelt uns viel Wissenswertes!

Mit **Wessobrunn** verbindet man zweierlei: Einerseits sind es die Wessobrunner Stuckkünstler, die im 17. Jahrhundert den eigenständigen bayerischen Rokoko entscheidend prägten. 4 500 öffentliche Gebäude in ganz Europa trugen den »Stempel« der berühmten Meister, wie etwa der Brüder Zimmermann, Erbauer der Wieskirche, einem UNESCO-Weltkulturerbe. Das von Bayernherzog Tassilo III. 753 gegründete Kloster Wessobrunn ging jedoch nicht nur wegen der berühmten Stuckatorenschule in die Weltgeschichte ein, sondern auch wegen des »Wessobrunner Gebetes«, eines der ältesten deutschen Sprachdenkmale von 814, das, in einen Stein gehauen, in dem kleinen Park beim Gasthof »Zur Post« zu sehen ist. Und andererseits, unglaublich, aber wahr – die alte Tassilolinde an der Klostermauer mit ihrem Umfang von bis zu 14 Metern ist über 1 000 Jahre alt. Mit großem Respekt bestaunen wir die 25 Meter hohe Winterlinde.

Adressen und Öffnungszeiten:

Carl-Orff-Museum, Rinkhof, Hofmark 3, 86911 Dießen, Tel. 0 88 07/15 83, Sa, So 14.00–17.00

Galerie im Atelier des Malers Fritz Winter, Forstanger 15 a, 86911 Dießen, Tel. 0 88 07/45 59, Mi–Sa 14.00–18.00, So 11.00–18.00

Satellitenstation Raisting, Tel. 0 88 1/26 91

Jakobskirche, Kirchberg 10, 86938 Schondorf, Schlüssel über Tel. 0 81 92/88 99, 8.00–10.00

Infos zum Kloster Dießen: Kath. Pfarramt Dießen, Klosterhof 10, 86911 Dießen, Tel. 0 88 07/94 89 40

Kloster Wessobrunn, Klosterhof 4, 82405 Wessobrunn, Führungen: März–Okt: Di–Sa 10.00, 15.00, 16.00, So, Fei 15.00, 16.00, Mo keine Führungen, Nov–Feb Di–Sa 15.00, So 15.00, 16.00

Marienmünster, Klosterhof 10a, 86911 Dießen, Tel. 0 88 07/ 9 48 94 00, tägl. 8.00–18.00

Einkehr (E):

Biergarten Alte Villa, Seestraße 32, 86919 Utting, Tel. 0 88 06/6 17, www.alte-villa-utting.de (1898 erbautes schönes Haus, Biergarten, Livemusik am Wochenende)

Gasthof Unterbräu, Mühlstraße 36, 86911 Dießen, Tel. 0 88 07/84 37 (Biergarten, tägl. frischer Fisch)

Café Vogel, Johannisstraße 4, 86911 Dießen, Tel. 0 88 07/3 40, Mo Ruhetag (eigene Kuchenherstellung, ruhiger Garten)

Übernachtung (Ü):

Campingplatz Im Freizeitgelände, Seestraße 36, 86919 Utting, Tel. 0 88 06/72 45, Apr–Sep, www.ammersee-camping.de, ab 4,50 € p. P. (Reservierung erwünscht!)

Landgasthof und Hotel Der Kramerhof, Ringstraße 4, 86911 Dießen-Riederau, Tel. 0 88 07/92 40 60, www.der-kramerhof.com, Zimmer ab 44,00 €, Doppelzimmer ab 70,00 € (mit schönem Biergarten und Kegelbahnen)

Gasthof Zur Post, Zöpfstraße 2, 82405 Wessobrunn, Tel. 0 88 09/2 08, www.gasthof-wessobrunn.de, ab 35,00 € p. P. (historischer Festsaal mit herrlicher Holzkassettendecke)

Gasthof Zum Löwen, Üblhörstraße 2, 82405 Wessobrunn, Tel. 0 88 09/3 52, ab 30,00 € (mit Biergarten)

Verkehrsanbindung/Rückfahrt (V):

Wessobrunn–Weilheim–München: von Wessobrunn mit dem Bus bis Weilheim, www.rvo-bus.de, ab Weilheim mit dem Zug bis München, www.reiseauskunft.bahn.de

Extras:

Wer den »Bund fürs Leben« schließen oder seinen Geburtstag stilgerecht feiern möchte, dem sei das zauberhafte Künstlerhaus Gasteiger, Eduard-Thöny-Straße 43, 86919 Utting-Holzhausen, Tel. 0 88 06/6 99, empfohlen. Das schmucke Gebäude, kurz nach der Jahrhundertwende von dem Künstlerehepaar Gasteiger inmitten eines 21 000 qm großen Seegrundstücks erbaut, ist aber auch für »ganz normale« Besucher jeden Sonntag von Apr–Okt von 14.00–17.00 geöffnet. Gasteigers berühmtestes Werk ist der Brunnen »Brunnenbüberl« am Münchner Karlsplatz (Stachus).

Informationen:

Verkehrsamt Utting, Eduard-Thöny-Straße 1, 86919 Utting, Tel. 0 88 06/92 02 13

Tourist-Information Dießen, Schützenstaße 9, 86911 Dießen, Tel. 0 88 07/10 48, www.diessen.net

Gemeindeverwaltung Wessobrunn, Zöpfstraße 1, 82405 Wessobrunn, Tel. 0 88 09/3 13

23 Bayerns Grand Canyon
Von Wessobrunn bis Rottenbuch

Wessobrunn – Hohenpeißenberg (E) – Rottenbuch (E Ü V)

- ca. 20 km
- Diese zwar nicht so lange, aber dennoch etwas anspruchsvolle Tour ist eher trainierten Wanderern zu empfehlen. Gutes, festes Schuhwerk ist nötig!
- Traumhafter 360°-Blick vom hohen Peißenberg, wildromantische Ammerschlucht

Hier geht's lang

Nachdem die Zimmermannstraße uns aus **Wessobrunn** geführt hat, wandern wir über den Schnittbachgraben ziemlich steil hinauf durch den Wald zum Pürschlehen-Hof. Wesentlich weniger anstrengend geht es wieder hinab nach St. Leonhard im Forst. Auf einer asphaltierten Straße, die gottlob kaum befahren ist, steuern wir unser nächstes Ziel an, den Ort **Hohenpeißenberg**, den wir mit dem Ortsteil Linden bald erreicht haben. Ein absolutes Muss – besonders an föhnigen Tagen – ist der Aufstieg auf den Hohenpeißenberg, einen 988 Meter hohen Aussichtspunkt mit grandioser Sicht auf das beeindruckende Alpenmassiv und das bayerische Voralpenland. Auf den Berg geleitet uns der Kapellenweg, den wir gegenüber dem Gasthof Hetten finden.

Wieder zurück im Ort **Hohenpeißenberg** überqueren wir die stark befahrene Hauptstraße bei der Fußgängerampel und biegen in die Anton-Pröbstl-Straße ein. Wir orientieren uns an den Schildern nach Peiting. Bei der Wegkreuzung am Waldrand biegen wir rechts ab, gelangen dank einer Überführung über die Bahnlinie, folgen auf den nächsten circa zwei Kilometern dem Forstweg, um dann auf dem ausgeschilderten Weg bergab das Schnalzhaus zu erreichen, eine nicht bewirtschaftete Hütte. Wir setzen den Weg entlang der Ammer fort, und zwar aufwärts. Nach circa 15 Minuten sind wir beim Kalkofensteg, nehmen rechts davon die Treppen in Richtung **Rottenbuch**, wieder gut beschildert.

Über Brücken, Holzstege und durch einen Mischwald wandern wir durch die Ammerschlucht. Für diesen Abschnitt ist unbedingt gutes Schuhwerk erforderlich! Es besteht Rutschgefahr! Noch ein letzter steiler Anstieg, den wir bezwingen müssen, bis wir auf der Hochterrasse ankommen und von dort aus zuerst auf einem Weg entlang der Terrassenkante und dann links auf einem ebenfalls nicht geteerten Weg in circa 20 Minuten **Rottenbuch** erreichen.

Das gibt's zu sehen

Der Hohenpeißenberg neben dem gleichnamigen Ort im Ammertal, in dem bis 1971 Kohle abgebaut wurde, wird von den Einheimischen auch »Bayerischer Rigi« genannt und besticht durch seine phänomenale Aussicht auf die Alpen sowie über 400 Dörfer, Weiler und Schlösser und elf Seen. Besonders an Föhntagen ein wirklich unvergessliches Erlebnis! Weil wir schon mal auf dem Berg sind, schauen wir uns hier gleich noch die Wallfahrts- und Pfarrkirche an, eine Hommage an

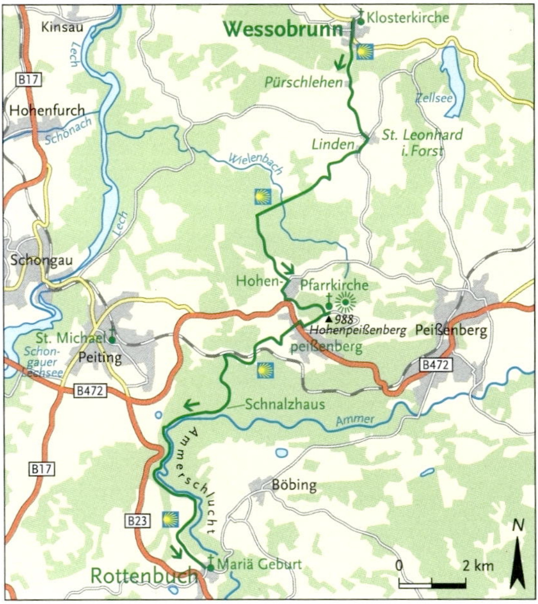

Die berühmte Wessobrunner Klosterquelle

den üppigen bayerischen Barock. In der angeschlossenen Gnadenkapelle bewundern wir die wunderschönen Fresken des Matthäus Günther. Dass der Berg bei dieser exponierten Lage ein idealer Ort zur Himmelsbeobachtung ist, ist klar. Deshalb entstanden bereits 1772 die erste Sternwarte und 1781 ein Bergobservatorium. Heute wird kräftig gesendet und gefunkt, denn hier oben ist man dem Himmel doch ein Stückchen näher! Im nahen Peißenberg können wir ein Bergbaumuseum besichtigen, was vor allem Familien mit Kindern Spaß macht.

Der Erholungsort Peiting, der für besonders familienfreundliche Ferienangebote ausgezeichnet wurde, erfreut uns nicht nur durch seine schöne Lage mit Fernblick, sondern auch mit der romanischen Pfarrkirche St. Michael und der barocken Wallfahrtskirche »Maria unter der Egg« mit feinstem Wessobrunner Stuck. Der »Gumpen« des Ortes, auf dem sich die verschiedensten Entenarten tummeln, erhielt die Auszeichnung »schönster Dorfweiher Bayerns«.

Während wir durch die wildromantische Ammerschlucht wandern, genießen wir die einzigartige Natur! Das Angebot reicht von gleich am Eingang zur Schlucht sich aufbauenden Tropfsteinen über herrlichen alten Baumbestand, seltene, unter Naturschutz stehende Pflanzen bis hin zu verspielten Wasserfällen. Wegen ihres Kalksandes und den steilen Hängen wird die Schlucht auch als »bayerischer Grand Canyon« bezeichnet. Geformt hat sich dieses beeindruckende Naturspektakel übrigens vor rund 35 Millionen Jahren, im Zuge der Entstehung der Alpen.

Ein Spektakel der ganz anderen Art erwartet uns nach der Ammerschlucht in **Rottenbuch**. Während wir uns der eher schlicht anmutenden Außenfassade der Pfarrkirche Mariä Geburt nähern, das Überbleibsel eines ehemaligen Augustiner-Chorherrenstifts, ahnen wir noch nicht, dass uns gleich der Atem stocken wird! Lichtdurchflutet in ungeheuerer Leichtigkeit präsentiert sich das Innere des Gotteshauses – ein Paradebeispiel bayerischen Barocks und Rokoko in einem mittelalterlichen Raum, bei dem nur die Besten der Besten am Werk waren, wie Josef und Franz X. Schmuzer oder Matthäus Günther. Wir setzen uns auf die Kirchenbänke und versuchen, möglichst viel von den herrlich gearbeiteten goldenen Stuckornamenten und Engeln, den farbenfroh gemalten Fresken und dem dominant gestalteten Hochaltar zu erfassen, wohl wissend, dass so etwas Prächtiges einmalig ist, sieht man mal von der Wieskirche ab!

Adressen und Öffnungszeiten:

Bergbaumuseum, Tiefstollen 2, 82380 Peißenberg, Tel. 0 88 03/51 02, jeden 1. und 3. So im Monat 14.00–16.00, 15. Mai–15. Sep zusätzlich Mi 14.00–16.00

Kloster Wessobrunn, Klosterhof 4, 82405 Wessobrunn, Führungen: März–Okt: Di–Sa 10.00, 15.00, 16.00, So, Fei 15.00, 16.00, Mo keine Führungen, Nov–Feb Di–Sa 15.00, So 15.00, 16.00

Wallfahrts- und Pfarrkirche, Aich-Straße, 82383 Peißenberg, Tel. 0 88 03/14 20, Schlüssel bei der Pfarrei St. Johann, tägl. 7.00–18.00

Pfarrkirche St. Michael, Pfarrweg 1, 86971 Peiting, Tel. 0 88 61/93 09 10, tägl. 8.00–17.00, im Sommer länger

Pfarrkirche Mariä Geburt, Klosterhof 40, 82401 Rottenbuch, Tel. 0 88 67/10 08, tägl. 7.30–18.00

Einkehr (E):

Terrassen-Café Bayerischer Rigi, auf dem Hohenpeißenberg neben der Wallfahrtskirche, 82383 Hohenpeißenberg, Tel. 0 88 05/3 30 (Panoramablick auf 1 000 m Höhe)

Gasthof Zur Post, Ludwigstraße 1, 82380 Peißenberg, Tel. 0 88 03/8 42, www.gasthofpost-peissenberg.de

Rigi Rutsch'n, Pestalozzistraße 8, im Schwimmbad, 82380 Peißenberg, Tel. 0 88 03/50 02, www.rigi-rutschn.de (riesige Salatteller, Sonntagmittag knuspriger Schweinebraten für 5,00 €)

Übernachtung (Ü):

Ammertaler Hof, Achen 3, 82401 Rottenbuch, Tel. 0 88 67/ 2 65, www.ammertalerhof.de, Ferienwohnungen ab 35,00 € pro Nacht (Bioland-Bauernhof mit vielen Tieren)

Café am Tor, Klosterhof 1, 82401 Rottenbuch, Tel. 0 88 67/ 92 10 40, ab 25,00 € p. P. (mit nettem, kleinen Café)

Camping am Richterbuchl, Solder 1, 82401 Rottenbuch, Tel. 0 88 67/15 00, www.camping-rottenbuch.de, ab 4,30 € p. P.

Verkehrsanbindung/Rückfahrt (V):

Rottenbuch–Wessobrunn: mit dem Bus tagsüber alle 30 Min., www.rvo-bus.de, www.reiseauskunft.bahn.de

Rottenbuch–München: mit dem Bus nach Weilheim, von dort mit dem Zug nach München, www.rvo-bus.de

Informationen:

Gästeverein Peißenberg, Hauptstraße 77, 82380 Peißenberg, Tel. 0 88 03/96 99, www.peissenberg.com

Tourist-Info Rottenbuch, Klosterhof 36, 82401 Rottenbuch, Tel. 0 88 67/91 10 18, www.rottenbuch.de

Traumhafter Blick aus schwindelnder Höhe

Über 400 Dörfer, Weiler, Schlösser und elf Seen auf einen Blick? Diese phänomenale Aussicht bietet der 988 Meter hohe Hohenpeißenberg östlich von Peiting. Vor allem an Föhntagen sollte man die Fernsicht auf dem Berg, den man zu Fuß oder mit dem Auto erreichen kann, nicht verpassen. Denn dann genießt man von hier aus den schönsten Rundblick über den »Herrgottswinkel«, den Pfaffenwinkel, den Starnberger und Ammersee bis hin zur imposanten Alpenkette. Allgäuer Alpen, Großvenediger, Großglockner, Wettersteingebirge, Karwendel und Zugspitze heißen einige der unzähligen »Gebirgsschmankerl«, die zum Greifen nahe zu sein scheinen.

Der Berg mit seiner exponierten Lage zog schon immer Menschen mit unterschiedlichen Interessen an, die ihre ehrgeizigen Projekte hier realisierten. Die einen erbauten 1772 eine Sternwarte, das älteste Observatorium Deutschlands. Die anderen errichteten 1619 die prächtige barocke Wallfahrtskirche »Unsere liebe Frau«, eine üppig ausgeschmückte Gnadenkapelle, und die St.-Georgs-Kapelle mit einem sehr seltenen gotischen Freskenzyklus der Heiligenlegende. Wir, die heutigen Besucher, verfolgen kein ehrgeiziges Ziel. Wir wollen einfach nur diesen atemberaubend schönen Rundblick genießen und für kurze Zeit dem Himmel etwas näher sein – jeder auf seine ganz persönliche Art und Weise!

24 Bayerisches Rokoko als Weltkulturerbe

Von Rottenbuch nach Steingaden

Rottenbuch – Wildsteig (E Ü) – Steingaden (E Ü V)

- ca. 23 km
- Kondition, Trittfestigtkeit und Ausdauer sollte man schon mitbringen, wenn man sich für diese wunderschöne Route entscheidet.
- Naturschutzgebiet, Gotteshaus mit Zwiebelturm und ein weltberühmtes UNESCO-Weltkulturerbe

Hier geht's lang

Die Hauptstraße in Richtung Steingaden führt uns aus **Rottenbuch**. Vorbei am Leonhardi-Brunnen laufen wir nach Unterquerung der Bundesstraße 23 nur einige Meter neben ihr her, um dann halb rechts in die leicht absteigende Straße zum Ortsteil Weihanger einzubiegen. Auf geteerten kleinen Wegen gelangen wir über die Solder Anhöhe zum Wildsteiger Weg. Nachdem wir dort nach links abgebogen sind, liegt das Sebastian-Wäldchen vor uns, das wir durchqueren. Kaum treten wir aus dem Wald heraus, sehen wir unter uns das Wasser des kleinen, romantisch in das Naturschutzgebiet »Bichlbauernfilz« eingebetteten Schwaigsees glitzern. Leider lässt sich das jetzt kommende Stück an der Autostraße nicht vermeiden. Über einen kleinen Parkplatz und durch eine Straßenunterführung wandern wir nach **Wildsteig**, dessen großer Zwiebelkirchturm der Pfarrkirche St. Jakob uns schon von Weitem als Orientierungshilfe dient. Die Riedstraße bringt uns ins Ortszentrum. Nur noch ein kleiner, aber kräftiger Anstieg – dann sind wir oben auf dem Kirchberg angekommen. Von dort aus orientieren wir uns nach Südwesten. Deshalb gehen wir die Kirchbergstraße bergab, biegen gegenüber der Gemeindeverwaltung in der Rechtskurve nach links ab und verlassen damit das beschauliche Dorf.

Circa einen Kilometer nach dem Ortsende lädt uns die herrliche Moorlandschaft mit anschließendem Wald zu einem Spaziergang in Richtung Wieskirche ein. Nachdem wir an der Landvolks-Hochschule vorbeigekommen sind, können wir schon unser Ziel sehen und erreichen über den großen, meist stark frequentierten Parkplatz und einen kleinen Feldweg das Eingangsportal der berühmten Wallfahrtskirche.

Hinter dem Gasthof Moser beim Gotteshaus wartet das »Wiesfilz«, eine reizvolle Hochmoorlandschaft mit einem Weg aus Bretterstegen, auf uns. Dank der guten Ausschilderung des Jakobswegs und des dazu parallel verlaufenden Prälatenwegs können wir uns gar nicht verirren. Allerdings sollte der Bretterweg weder bei nassem Wetter noch bei Dunkelheit gegangen werden.

Auf einem Forstweg kommen wir durch einen lichten Wald und danach über Feuchtwiesen zu einem kleinen Bach, an dessen Ufer wir bis zur Schlögmühle bleiben. Weiter geht es circa eine Stunde lang auf dem Weg bis zur Bundesstraße, wo wir rechts auf den bequemen Gehweg bis zum Marktplatz in **Steingaden** treffen.

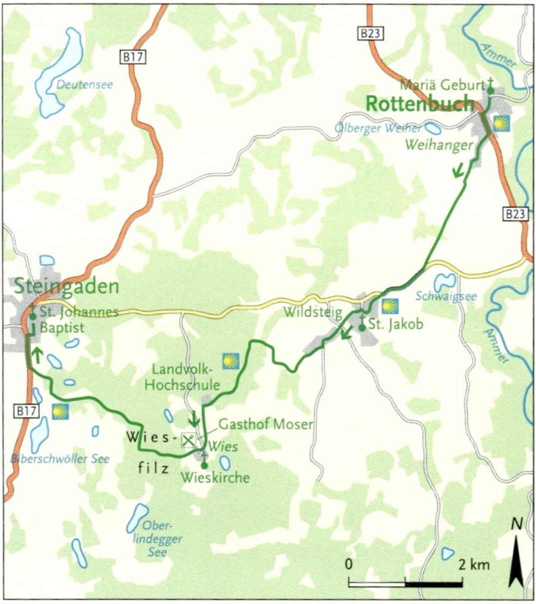

Das gibt's zu sehen

Die Aussicht auf das herrliche Alpenpanorama ist vom Naturschutzgebiet »Bichlbauernfilz« sehr beeindruckend. Aber auch die geschützte Flora und Fauna dieser schönen Voralpenlandschaft verdient unsere Aufmerksamkeit.

Der weithin sichtbare Kirchturm der Pfarrkirche St. Jakob in **Wildsteig** lockt uns zu dem Gotteshaus, dessen heutige Form durch das ausgehende Rokoko und den beginnenden Klassizismus geprägt wurde. Wir bestaunen die bunten Deckenfresken des Oberammergauer Lüftlmalers Zwinck und die Stuckarbeiten der Wessobrunner Meister Zöpf und Doll. Die geschnitzte Holzfigur am Eingang der Kirche zeigt den heiligen Jakob mit Muschel und Schwert.

Von außen eher schlicht präsentiert sich die berühmte Wieskirche »Zum Gegeißelten Heiland auf der Wies«, erbaut von den Gebrüdern Johann Baptist und Dominikus Zimmermann von 1746 bis 1757. 1983 wurde das »vom Himmel gefallene Kleinod« zum UNESCO-Weltkulturerbe ernannt. Gleich am Eingang begrüßt uns die Figur des »Heilands an der Geißelsäule«, die 1738 Tränen vergossen haben soll und so ihren Besitzer, einen Bauern, zum Bau einer bescheidenen Kapelle, der Vorgängerin der Wieskirche, veranlasste. Das Innere des Gotteshauses ist eine mehr als gelungene Mischung aus bestem

Die »Wies«, die wohl schönste Kirche Bayerns

Stuck, kräftigen Farben, schimmerndem Goldglanz, feinstem bayerischen Rokoko und durchflutet von Licht! Das Deckenfresko zeigt unter anderem das »Jüngste Gericht«. Der Altarraum mit seinen imposanten Heiligenfiguren wurde als doppelstöckige Loggia gestaltet. Wir lassen uns viel Zeit für die Betrachtung des Gesamtkunstwerks und genießen einfach nur diese unbeschreiblich leicht wirkende Herrlichkeit. Der Gasthof direkt gegenüber der Kirche war übrigens das Wohnhaus des tiefgläubigen Dominikus Zimmermann, der nach dem Tod seiner Frau 1757 von Landsberg hierher zog und 1763 verstarb.

In **Steingaden** erwartet uns schon wieder ein Highlight in Sachen Kirche, nämlich die romanische Klosterkirche St. Johannes Baptist des ehemaligen, von Welfen gegründeten Prälatenmünsters, eine altbayerische Pfeilerbasilika mit ihren zwei markanten romanischen Spitztürmen, die wir schon von Weitem erblicken. Im Inneren des Gotteshaus empfängt uns üppiger Barock und Rokoko, optisch gekonnt gepaart mit wunderschönen Fresken, Heiligenfiguren und wertvollen Stuckarbeiten des Wessobrunner Meisters Schmuzer.

Adressen und Öffnungszeiten:

Mariä Geburt, Klosterhof, 82401 Rottenbuch, tägl. 7.30–18.00

Pfarrkirche St. Jakob, Kirchbergstraße, 82409 Wildsteig, Tel. 0 88 67/2 83, tägl. 8.00–18.00

Wieskirche, Wies 12, 86989 Steingaden, Tel. 0 88 62/93 29 30, Öffnungszeiten Wieskirche: Sommer 8.00–19.00, Winter 8.00–17.00, www.wieskirche.de

St. Johannes Baptist, Prämonstratenser Str. 3,86989 Steingaden, Tel. 0 88 62/2 34, Sommer 8.00–19.00, Winter 8.00–17.00

Einkehr (E):

Gasthof Zum Strauß, Riedstraße 16, 82409 Wildsteig, Tel. 0 88 67/3 72, www.gasthof-zum-strauss.de (mit Sonnenterrasse, Spielplatz und Biergarten)

Schönegger's Klosterbräustüberl, Welfenstraße 10, 86989 Steingaden, Tel. 0 88 62/2 78, Mo–So 11.00–14.00, 17.00–21.00, Di Ruhetag, www.schoenegger.de (leckere Allgäuer Käsespezialitäten und tägl. Fondue)

Übernachtung (Ü):

Gasthaus Zum Koch, Klosterhof 26, 82401 Rottenbuch,

Tel. 0 88 67/92 11 95, Mo–So 10.00–22.00, Di Ruhetag, Doppelzimmer ab 58,00 €
Terrassen-Camping, Solder 1, 82401 Rottenbuch, Tel. 0 88 67/15 00, www.camping-rottenbuch.de, ab 9,00 € p. P./Auto (ca. 12 000 qm, mit Badeweiher, im Jul/Aug Grillfeste)
Gasthof Zur Post, Kirchberg 43, 82409 Wildsteig, Tel. 0 88 67/2 21, www.gasthof-post-wildsteig.de, Zimmer ab 20,00 € p. P. (mit Restaurant, Spielplatz und Biergarten, sehr gepflegtes Haus)

Verkehrsanbindung/Rückfahrt (V):

Steingaden–Rottenbuch: mit dem Bus tagsüber mehrere Verbindungen, www.rvo-bus.de
Steingaden–München: mit dem Bus bis Weilheim, www.rvo-bus.de, ab Weilheim Zugverbindung nach München, www.reiseauskunft.bahn.de

Extras:

Durch Wildsteig verläuft übrigens nicht nur der Jakobsweg, sondern auch der Fernwanderweg »König-Ludwig«, der Prälatenweg sowie der Fernradweg »Prälatenroute«.
Karten für den »Festlichen Sommer in der Wies« bekommen Sie bei der Tourist Information Schongau, Münzstraße 1–3, 86953 Schongau, Tel. 0 88 61/21 41 81, www.schongau.de

Informationen:

König-Ludwig-Weg, www.koenig-ludwig-weg.de
Tourist-Information Steingaden, Krankenhausstraße 1, 86989 Steingaden, Tel. 0 88 62/2 00, www.steingaden.de
Tourismusverband Pfaffenwinkel, Bauerngasse 5, 86952 Schongau, Tel. 0 88 61/77 73, www.pfaffenwinkel.com

Hier wohnt das Glück

Es gibt sicherlich Regionen in Oberbayern, in denen – kunsthistorisch und kulturell betrachtet – mehr los ist als um Steingaden. Wer hier seinen Urlaub verbringt, der hat einen Faible für ländliche Idylle, Abgeschiedenheit und Natur pur. Daher verwundert es auf den ersten Blick umso mehr, wenn man im Sommer Kolonnen von Reisebussen und Autos in Richtung der hügeligen Wiesen vor dem imposanten Trauchberg fahren sieht. Doch das hat seinen guten Grund! Mitten in dieser Einöde steht allein auf weiter Flur ein sehr kostbares Juwel meisterlicher Rokoko-Baukunst: die Wallfahrtskirche »Zum Gegeißelten Heiland auf der Wies«, im Volksmund kurz »die Wies« genannt.

Von außen ahnt man noch nicht, welche Pracht das Gotteshaus birgt. Der Innenraum, eine lichtdurchflutete Hommage an das leichte, anmutige süddeutsche Rokoko, zeigt eine gelungene Inszenierung aus verschwenderischer Heiterkeit, über und über mit Gold verwöhnten Verzierungen, farb- und ausdrucksstarken Fresken und meisterlich gefertigten Stuckarbeiten. Das 28 Meter lange und 18 Meter breite Langhaus wurde übrigens nicht, wie es scheint, aus Stein, sondern aus Holz gefertigt. Dieser gewichtsparende »Trick« ermöglichte es, die Außenwände mit vielen hohen und breiten Fenstern zu durchbrechen, was wiederum die unglaubliche Helligkeit im Inneren erklärt.

Die üppige Pracht dieses UNESCO-Kulturerbes haben wir zwei begnadeten Künstlern zu verdanken, den Gebrüdern Zimmermann. Der Ältere, Dominikus, entwarf und realisierte den Bau, der acht Jahre dauerte und 180 000 Gulden kostete. Der Jüngere, Johann Baptist, schuf die brillanten Kunstwerke. Es sollte Dominikus letztes und zugleich auch schönstes Werk werden. Der tiefgläubige Baumeister konnte sich von »seiner« Wieskirche nicht mehr trennen und lebte bis zu seinem Tod im Jahr 1763 in dem von ihm erbauten Haus vor dem Kircheneingang, in dem heute ein Gasthaus untergebracht ist.

»Hier wohnt das Glück, hier findet das Herz Ruhe!« Mit diesem Ausruf spricht Abt Marianus II. sicherlich fast allen Besuchern und Bewunderern des Weltkulturerbes aus dem Herzen: Wie schön, dass es solche Orte noch gibt!

25 Durch wildromantische Moore wandern

Von Steingaden nach Lechbruck am See

Steingaden (Ü) – Urspring – Prem (E Ü) – Lechbruck am See (E Ü V)

- ca. 19 km
- Bestens ausgeschilderte, leicht zu gehende, nicht allzu lange Wanderroute, die auch für Ungeübte geeignet ist
- Durch ein sehenswertes Moorgebiet, das Premer Filz, gelangen wir nach Lechbruck am Lech.

Hier geht's lang

Für diese Tour starten wir an der Brücke in **Steingaden**, genauer gesagt an der Fußgängerampel an der Hauptstraße im Ort. Nachdem wir gleich die Romantische Straße, die Bundesstraße 17, überquert haben und an der Gemeindeverwaltung und am Verkehrsamt vorbeigekommen sind, bleiben wir auf der Krankenhausstraße. Wir verlassen den Ort, wobei der Weg leicht bergauf zu einer Anhöhe, einem Moränenhügel mit einem großen Kreuz führt. Wieder problemlos leicht bergab erreichen wir den kleinen Ort **Urspring**. Von dort aus gelangen wir – geführt durch die Muschel – über die Keltenstraße auf die leider ziemlich befahrene Autostraße Steingaden–Lechbruck, auf der wir bis zum Abzweig »Steingädele« bleiben müssen. Es sind jedoch nur ein paar hundert Meter!

Kaum haben wir den Ort erreicht, biegen wir rechts ab und bleiben so lange auf der Straße, bis sie eine Linkskurve macht, um gleich nach dieser nach rechts abzubiegen. Ein bequemes Sträßchen zeigt uns den Weg in das Premer Moorgebiet, auch Filz genannt. Nachdem wir an der ersten Wegkreuzung links abgebogen und über eine Brücke gewandert sind, halten wir uns rechts und gelangen zu einem Bach, den wir etwas begleiten.

Der hier angelegte Moorlehrpfad erzählt uns viel Wissenswertes über die Moorlandschaft der Region. An einer erneuten Wegkreuzung wenden wir uns nach links, durchqueren einen kleinen Wald, dann eine Wiese und sehen schon die Häuser von Prem. Über die Röthenbachstraße erreichen wir den Ortskern. Den Sportplatz zu finden, ist nicht weiter schwer, denn hier müssen wir über den gewaltigen Lechdamm den Lech überqueren. Nachdem wir das gewaltige Bauwerk verlassen haben, führt uns der Weg an der linken Flussseite problemlos in circa 45 Minuten nach **Lechbruck**.

Das gibt's zu sehen

Etliche Stilepochen vereint die hübsche Kirche in **Urspring**, wobei die Ausstattung des Kircheninneren aus dem 16. bis 18. Jahrhundert stammt. Sehenswert sind die Emporenbrüstung mit den acht gemalten Kreuzwegstationen aus dem Jahr 1507 sowie die schlichte Rokokokanzel aus dem Jahr 1750.

Auf dem Weg nach dem kleinen **Prem**, an der Grenze zum Ostallgäu gelegen, genießen wir den Blick auf die herrliche Vor-

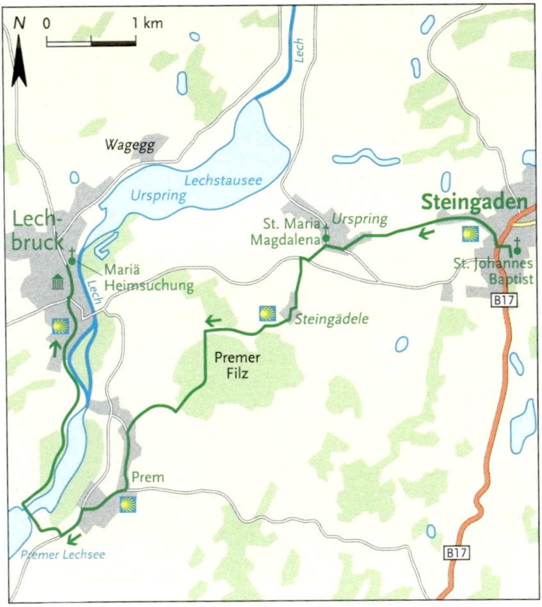

Die markante Steingadener Klosterkirche ist stolz und schön.

alpenlandschaft mit ihren saftigen Wiesen und bizarren Moorgebieten. Gleich drei Fernwanderwege, nämlich der König-Ludwig-Weg, der Lech-Höhenweg und der Prälatenweg führen durch **Prem**. Wer Lust hat, kann im nahen Kaltenbrunner See ein Bad nehmen oder sich sein Abendbrot angeln. Falls Letzteres nicht geklappt hat, gibt es den leckeren einheimischen Fisch auch in den Gasthöfen der Region.

Rund um das alte Flößerhandwerk informiert das kleine Flößermuseum in **Lechbruck**, das in einem der ältesten Häuser des Ortes, 1645 erbaut, eine schöne Heimat gefunden hat. Heute ist es kaum mehr vorstellbar, doch das Wasser des Lechs reichte früher bis zu diesem Haus, dadurch konnten die Baumstämme direkt bis vor die Haustür geliefert werden.

Adressen und Öffnungszeiten:

Flößermuseum, Weidach 8, 86938 Lechbruck am See, Anmeldung bei der Tourist-Information, Tel. 0 88 62/98 78 30

St. Johannes Baptist, Prämonstratenser Str. 3, 86989 Steingaden, Tel. 0 88 62/2 34, Sommer 8.00–19.00, Winter 8.00–17.00

St. Maria Magdalena in Urspring

Mariä Heimsuchung, Pfarrer-Königsdorfer-Weg 9, 86983 Lechbruck, Tel. 0 88 62/83 75

Einkehr (E):

Speck- und Weinstadl Kohlerhof, Lechbrucker Straße 19, 86984 Prem, Tel. 0 88 62/77 40 75 (Biergarten)

Gasthof Holler, Bahnhofstraße 10, 86983 Lechbruck am See, Tel. 0 88 62/85 57, Do Ruhetag (Biergarten)

Gasthof Hirsch, Brandach 20, 86983 Lechbruck am See, Tel. 0 88 62/89 18 (gute bayerische Küche)

Übernachtung (Ü):

Gasthaus Loacher, Kirchplatz 7, 86984 Prem, Tel. 0 88 62/77 48 80, Zimmer ab 20,00 € p. P.

Haus Echtler, Im Filz 12, 86984 Prem, Tel. 0 88 62/89 79, Zimmer ab 15,00 € p. P. (gepflegtes Bauernhaus)

Haus Stadler, Moos 11, 86983 Lechbruck am See, Tel. 0 88 62/85 33 (mit schönem Garten)

Verkehrsanbindung/Rückfahrt (V):

Lechbruck am See–Steingaden: mit dem Bus mehrmals tägl., www.rvo-bus.de

Lechbruck am See–München: verschiedene Verbindungen, zuerst mit dem Bus bis nach Marktoberndorf, Füssen, Garmisch-Patenkirchen oder Kaufbeuren, www.rvo-bus.de, dann mit dem Zug nach München, www.reiseauskunft.bahn.de

Extras:

Den richtigen Schwung lernt man in der Golfanlage »Auf der Gsteig«, Gsteig 1, 86983 Lechbruck, Tel. 0 88 62/85 20

Informationen:

Verkehrsverein Prem, Schulweg 6, 86984 Prem, Tel. 0 88 62/72 56, www.prem-am-lech.de

Tourist-Information, Flößerstraße 1, 86983 Lechbruck am See, Tel. 0 88 62/98 78 30, www.lechbruck.de

Die Autorin

Heide Geiss erblickte in der bayerischen Landeshauptstadt das Licht der Welt und gehört daher zur raren Gattung der echten »Münchner Kindl«. Aufgewachsen am Starnberger See lebt sie heute wieder in ihrem geliebten »Minga«.

Das traumhaft schöne Oberbayern mit seinen zahlreichen Freizeitmöglichkeiten ist für sie ihre zweite Heimat. Wenn sie nicht gerade Reiseführer oder andere Fachbücher schreibt, findet man sie im bayerischen Voralpenland. Entweder in luftiger Höhe auf einem Berggipfel oder die unzähligen Wanderwege gnadenlos ausnützend oder die üppige Pracht der vielen bayerischen Klöster bestaunend oder – ganz profan – als erfahrene Testperson für original bayerischen Wurstsalat in gemütlichen Biergärten!

Register

S

T

U

W

Z

München in der Tasche

▷ Mit *München zu Fuß* entdecken Sie München wie die Münchner: zu Fuß und mit leichtem Gepäck. 30 Spaziergänge auf 30 Postkarten führen Sie zu den schönsten Plätzen der Metropole und lassen Sie eintauchen in das Münchner Leben. Für jeden ist etwas dabei, z. B.:

- das Schwabing der Boheme
- das kiezige Viertel Neuhausen
- der Schlosspark Nymphenburg
- der Englische Garten
- der Olympiapark rund ums Stadion

Susanne Bartel
München zu Fuß
30 Postkarten in Geschenkbox
ISBN 978-3-89716-718-6

Münchner Geschichte

▷ Die *Spaziergänge in die Vergangenheit Münchens* erzählen, was Schurken und Gendarme in München alles anrichteten, wie die Münchner aufs Bier und aufs Buch kamen und wie München zur Fußballhauptstadt wurde. Bei 18 unterhaltsamen Stadtspeziergängen ist für jeden Zeitplan und jede Jahreszeit etwas dabei, z. B.:

- Kirchenbauten des Barock
- auf den Münchner Isarinseln
- Karl Valentin und Liesl Karlstadt
- neue Architektur in München
- Brauhäuser und Biertraditionen

Stattreisen München (Hg.)
Spaziergänge in die Vergangenheit Münchens
Klappenbroschur, 192 Seiten
ISBN 978-3-89716-497-0

ars vivendi

Erholsame Abenteuer

▷ Der *Ausflugs-Verführer Oberbayern* lockt Hobbyhistoriker, Kunstinteressierte, wandernde Naturfreunde sowie den radelnden Nimmersatt mit Radtouren, Dampferfahrten, Museums- und Klosterbesuchen, Ruinen- und Klosterbesuchen und Ufer- und Schluchtenwanderungen. Bei 39 Touren findet jeder garantiert das Richtige, z.B.:

- Städtefahrt Wasserburg
- mit der Zahnradbahn zum Geo-Park
- Staffelsee, Murnauer Moos und Schlossmuseum in Murnau
- Besichtigung einer funktionsfähigen Mühle
- König Ludwigs Jagdschloss und der Alpengarten auf dem Schachen

U. Schall, G. Seidl, L. Walz (Hg.)
Der Ausflugs-Verführer Oberbayern
Broschur, 240 Seiten
ISBN 978-3-89716-108-5

ars vivendi

Erholsame Abenteuer

▷ *Fundort Geschichte Oberbayern* antwortet auf Fragen über Fragen: Wieso baute Napoleon Pyramiden in Bayern? Wie lebte und starb der Wildschütz Jennerwein? Warum wohnte Edigna in einer Linde. In 56 Artikeln liefert das Buch viel Wissenswertes über Geschichte und dazu passende Freizeittipps für Ausflüge, z. B.:

- der Schießplatz Hebertshausen
- Edigna zu Puch
- die Glassäule auf der Roseninsel
- der Löwe von Waakirchen
- die »Kretinenheilanstalt« Ecksberg

Eva Strauß (Hg.)
Fundort Geschichte Oberbayern
Broschur, 190 Seiten
ISBN 978-3-89716-378-2

ars vivendi